grammEX

Einfache Wiederholungsübungen zur französischen Grammatik

Ernst Klett Verlag
Stuttgart Düsseldorf Leipzig

grammEX

Einfache Wiederholungsübungen zur französischen Grammatik

von Kerstin Theinert, Schwäbisch Gmünd

Weitere Mitarbeit: Brigitte Laguerre, Stuttgart

1. Auflage 1 5 4 3 | 2006 05 04

Alle Drucke dieser Auflage sind untereinander unverändert. Die letzte Zahl bezeichnet das Jahr dieses Druckes.

Internetadresse: http://www.klett-verlag.de

Redaktion: Christine Konietzko, Thomas Eilrich

Illustrationen: François Davot, Troyes und Martin Hoffmann, Stuttgart
Umschlaggestaltung: Dieter Soldan, Stuttgart
Reproduktion: Meyle + Müller Medien-Management, Pforzheim
Druck: Gutmann + Co. GmbH, Talheim
Printed in Germany.
ISBN 3-12-521722-9

9 783125 217225

Vorwort

GrammEX bietet ein vielfältiges Übungsangebot zu den wichtigsten grammatischen Themen der Klassenstufen 7 bis 10 aller Schulformen.
Hier werden die Lehrerinnen und Lehrer fündig bei der Suche nach geeigneten Übungen zur Grammatik, ganz gleich mit welchem Lehrwerk bzw. mit welchen Materialien sie im Moment arbeiten.
Die abwechslungsreichen Übungen in ***GrammEX*** eignen sich hervorragend zum Wiederholen, Festigen und Vertiefen grammatischer Inhalte.

GrammEX ist in sieben Kapitel unterteilt, jedes Kapitel behandelt ein grammatisches Schwerpunktthema, z. B. Kapitel 4: *Das Verb: Formen – Zeiten – Ergänzungen*. Innerhalb der Kapitel sind grammatische Teibereiche mit Zwischenüberschriften versehen.

Die Übungsformen und der Schwierigkeitsgrad der Übungen variieren innerhalb der sieben Kapitel. Dadurch ist eine methodische Vielfalt sowie auch die Möglichkeit der Differenzierung gewährleistet. Die Übungen folgen im Wesentlichen der Progression des Lehrwerks *Ensemble*. Ein Verweis zu Beginn jeder Übung auf den jeweiligen *Band* und die *Lektion* lässt auf einen Blick erkennen, ob die Lerngruppe die Inhalte schon kennen müsste oder nicht. In dem Fall, wo in den Übungen bis dahin nicht eingeführter Wortschatz verwendet wird, ist dieser unten auf der Seite erklärt.

Auch auf eine Abwechslung innerhalb der Sozialformen wird in ***GrammEX*** geachtet. So findet man neben schriftlichen Übungen in Einzelarbeit oder Partnerarbeit auch eine Reihe von Übungen, die man alleine oder zu zweit oder auch in der Kleingruppe mündlich erledigen kann.

Die Übungen sollen und müssen nicht alle chronologisch abgearbeitet werden. Die Lehrerinnen und Lehrer bzw. die Schülerinnen und Schüler sollen je nach Bedarf auswählen und das für sie geeignete Thema bearbeiten.

GrammEX kann sowohl in den verschiedensten Phasen des Unterrichts eingesetzt als auch zu Hause von den Schülerinnen und Schülern bearbeitet werden. Die Übungen sind so konzipiert, dass die Schülerinnen und Schüler – nicht nur für die Bearbeitung von Hausaufgaben – gut alleine damit arbeiten können.

Charakteristisch für ***GrammEX*** ist die große Übungsvielfalt. Neben einfachen Einsetz-, Zuordnungs- und Umformübungen findet man auch spielerische Übungen wie z. B. Rätsel und vieles mehr. Somit ist für jeden Lerntyp etwas dabei.

Besonders hervorzuheben sind auch so genannte Merkkästchen, in denen die Schülerinnen und Schüler vor Beginn einer Aufgabe eine grammatische Regel (z. B. zum Gebrauch von *si*-Sätzen) ergänzen oder selbstständig zu einem wichtigen Merksatz vervollständigen müssen.

GrammEX kann dazu beitragen, das „leidige" Thema Grammatikvermittlung ein wenig schülerfreundlicher zu gestalten; nicht zuletzt durch die zahlreichen illustrativen Elemente zur Auflockerung kann das Heft zu einem ständigen Begleiter in der gesamten Sekundarstufe I werden.

Viel Erfolg bei der Arbeit mit ***GrammEX*** wünschen die Autorin und der Verlag.

Inhalt

Das Nomen und seine Begleiter

Der unbestimmte und der bestimmte Artikel

1 **Voilà …** *Ergänze die Artikel und kennzeichne die Bindungen:* ‿ I 3B

1. Voilà _une_ forêt. C'est _la_ forêt de Fontainebleau.
2. Voilà ______ château. C'est ______ château de Fontainebleau.
3. Voilà ______ rue. C'est ______ rue de France.
4. Voilà ______‿ hôtel. C'est ______ hôtel Napoléon.
5. Voilà ______ sacs. Ce sont ______ sacs de M. et Mme Pascal.
6. Voilà ______ anorak. C'est ______ anorak de Fabrice Pascal.
7. Voilà ______ feuille avec ______ adresse. C'est ______ adresse de qui? … C'est ______ adresse de Florence.
8. Voilà ______ chambre. C'est ______ chambre de Florence.
9. Voilà ______ étagères et ______ livres. ______ livres sont sur ______ étagères.
10. Voilà ______ table et ______ ordinateur. ______ ordinateur est sur ______ table.
11. Voilà ______ lit et ______ magazines. ______ magazines sont sur ______ lit.

2 **Fontainebleau** *Suche den richtigen Artikel und kreuze ihn an.* I 3B

1. Fontainebleau est (le ☐ / la ☐ / une ☐) ville près de Paris. Voilà (un ☐ / une ☐ / des ☐) livre sur[1] (le ☐ / la ☐ / les ☐) ville.
2. A Fontainebleau, il y a (une ☐ / un ☐ / la ☐) château. Qu'est-ce qu'il y a dans (l' ☐ / le ☐ / un ☐) château?
3. Dans (le ☐ / l' ☐ / la ☐) château, il y a (une ☐ / un ☐ / les ☐) musée. Qu'est-ce qu'il y a dans (un ☐ / la ☐ / le ☐) musée?
4. Il y a, par exemple, (la ☐ / un ☐ / le ☐) chambre et (une ☐ / le ☐ / un ☐) trône de Napoléon.
5. A Fontainebleau, il y a (des ☐ / l' ☐ / le ☐) hôtels. (Des ☐ / Les ☐ / Un ☐) hôtels sont comment?
6. Il y a (un ☐ / le ☐ / la ☐) hôtel dans (une ☐ / l' ☐ / la ☐) rue Carnot. Il est bien.
7. C'est (un ☐ / l' ☐ / le ☐) hôtel Carnot. (La ☐ / L' ☐ / Une ☐) adresse, c'est 12, rue Carnot.

[1] **sur** [syr] *hier:* über

Die Präposition „à" und der bestimmte Artikel ➤ Kapitel 6
Die Präposition „de" und der bestimmte Artikel ➤ Kapitel 6

Der Teilungsartikel

3 Sur ma table, il y a ... des | de l' | de la | du II 8A

a) Suche dir für diese Übung eine Partnerin / einen Partner. Arbeitet zu zweit:
Partner A schaut sich Tisch A an, Partner B dreht das Heft um und schaut sich Tisch B an.
Erzählt euch gegenseitig, welche Dinge ihr auf euren Tischen habt. Verwendet dabei den Teilungsartikel und den unbestimmten Artikel Plural (➤ Übungen 1–2).

B

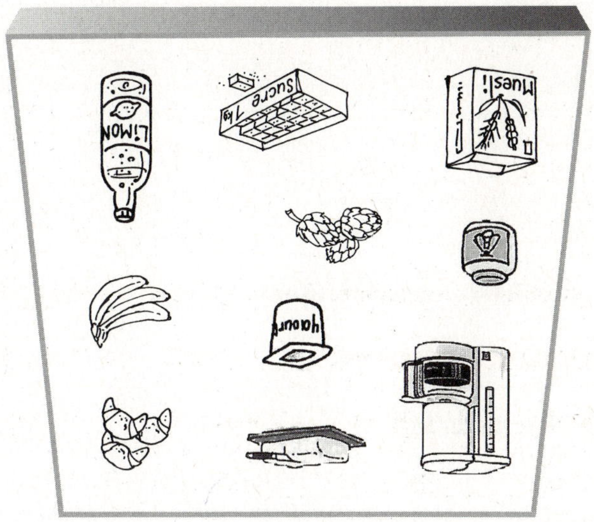

A

A: Sur ma table, il y a du pain.
B: Sur ma table, il y a des croissants.
A: Sur ma table, il y a ...

Macht einen zweiten Durchgang: Diesmal beginnt B und A reagiert mit dem passenden Satz.

b) Schreibt die Sätze in euer Heft oder auf ein Blatt:
Sur ma table, il y a du ..., de la ... Sur la table de/d' ... *(Name)*, il y a ...

4 Faisons les courses. II 8A

Ordne jeder Zeile das passende Produkt zu und zwar so, dass sich ein Reim ergibt. Verwende den Teilungsartikel oder den unbestimmten Artikel Plural (➤ Übungen 1–2). Lies den Reim anschließend laut vor.

Au supermarché, on achète ...

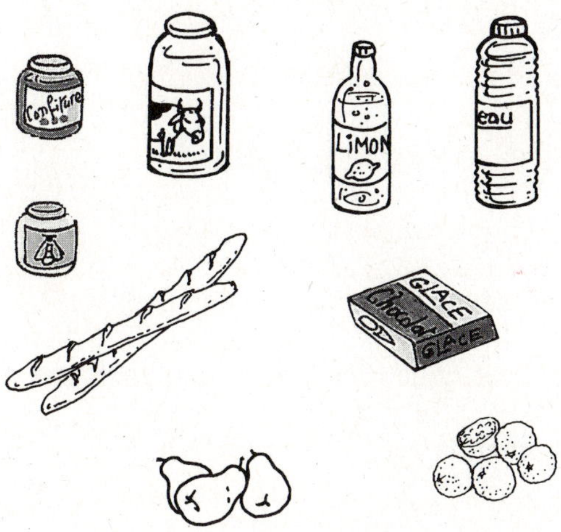

1. du lait pour monsieur Blanchet,
2. ______________ pour Solange,
3. ______________ pour les Bernot,
4. ______________ pour madame Levure,
5. ______________ pour Daniel,
6. ______________ pour la classe,
7. ______________ pour la promenade,
8. ______________ pour le matin,
9. ______________ pour le soir.

5 Avec du sucre ou sans sucre?

II 8A

Ergänze die fehlenden Teilungsartikel. Mache einen Strich in die Lücken, in die kein Teilungsartikel gehört.

1. – Tu prends du café ou _____ thé?
2. – Je prends _____ café, merci.
3. – Avec _____ sucre?
4. – Non, sans _____ sucre, mais avec _____ lait.
5. – Moi, il me faut toujours _____ sucre dans mon café.
   Je prends mon café avec _____ sucre,
   mais sans _____ lait.
6. – Quelqu'un veut _____ thé?
7. – Moi, je veux bien. Il y a _____ citron? Super!
8. – J'ai soif. Je peux avoir _________ eau minérale?
9. – Bien sûr. Mets _____ citron dans ton eau.
   C'est bon avec _____ citron.
10. – Il reste encore _____ citron pour Eric? ...
    Non? ... Je m'excuse, Eric, mais tu dois prendre
    ton eau sans _____ citron.
11. – Ou bien[1], prends _________ limonade.
    Voilà _________ limonade avec _____ citron
    et sans _____ sucre.

Teilungsartikel und Mengenangaben ➤ Übung 7

Mengenangaben

6 Tu as la liste?

I 6B

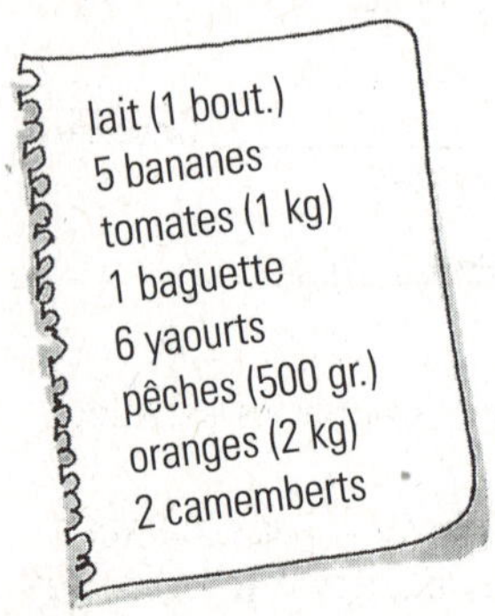

Arbeitet zu zweit: Du gehst zusammen mit Dominique einkaufen. Ihr habt eine Einkaufsliste, auf der steht, was ihr besorgen sollt. Macht ein Spiel daraus: Dominique bringt alles durcheinander und du korrigierst ihn/sie.

Dominique: Tu as la liste? ... On prend deux kilos de bananes. C'est ça?[2]
Toi: Non, 5 bananes.
Dominique: On prend ... C'est ça?
Toi: Non, ...

Beim zweiten Durchgang tauscht ihr die Rollen.

7 On fait un gâteau.

II 8B

a) Überlege, ob du den Teilungsartikel (➤ Übungen 3–5) oder „de/d'" einsetzen musst und fülle die Lücken aus.
b) Arbeitet danach zu zweit: Lest den Dialog mit verteilten Rollen vor und korrigiert euch gegenseitig.

1. – Tu as mis _____ sucre et _____ chocolat?
2. – J'ai mis très peu _____ sucre,
   mais beaucoup _____ chocolat
   et puis aussi _____ miel.
3. – Il faut ajouter _____ beurre et _________ eau.
4. – Combien _____ beurre et combien _____ eau?
5. – 50 grammes _____ beurre et une tasse _____ eau.
6. – Regarde, tu penses que j'ai mis assez _____ eau
   et assez _____ beurre?
7. – Oui. Ajoutons encore _____ citron
   et _________ confiture _____ oranges.
8. – Non, ne mets pas trop _____ confiture!
   Mets seulement deux cuillères _____ confiture
   pour donner un peu _____ goût.

[1]**ou bien** [ubjɛ̃] oder aber – [2]**C'est ça?** [sɛsa] Stimmt's?

8 Ecoute, Alex ... (1) *Einer deiner Freunde sollte besser auf sich aufpassen, sonst ...*

II 8B

1. Alex isst zu viel Chips und zu viel Schokolade.
2. Er trinkt viel Limonade, aber er trinkt nicht genug Milch.
3. Er isst zu wenig Gemüse *(légumes)*.
4. Er isst nicht genug Obst *(fruits)*.
5. Er verbringt *(passer)* zu viel Zeit vor dem Fernseher und er treibt *(faire)* nicht genug Sport.

Du sprichst mit ihm darüber und sagst ihm das.

Toi: 1. Ecoute, Alex, tu manges trop de chips et ________

2. ________

3. ________

4. ________

5. ________

____

... En peu de temps, tu vas être gros comme un ballon.

9 Ecoute, Alex ... (2)

IV 4A

a) Du gibst Alex gute Ratschläge. Fülle die Lücken aus.

Toi: 1. Si je peux te donner un conseil: mange moins de (weniger) chips et ________ (mehr) fruits.

2. Ne bois pas ________ (so viel) coca. 3. Bois ________ (mehr) lait et ________ (weniger) limonade.

4. Fais ________ (so viel) sport que nous et passe ________ (weniger) temps devant la télé.

5. Comme ça, tu auras ________ (mehr) énergie et ________ (weniger) problèmes pour monter les escaliers.

b) Arbeitet zu zweit: Spielt den Dialog zwischen dir und Alex. Alex findet, es ist alles Quatsch, was du sagst und widerspricht dir nach jedem Satz: Qu'est-ce que tu racontes? ... Je mange (très) peu de chips. / Je ne mange pas beaucoup de chips. / Je ne mange jamais de chips. / Je mange moins de chips que toi. / Je ne mange pas autant de chips que toi. / Tu manges plus de chips que moi. ...
Beim zweiten Durchgang tauscht ihr die Rollen: Du spielst die Rolle von Alex und widersprichst.

10 Deux stations de sports d'hiver

IV 4A

Vergleiche die beiden Wintersportorte:

A Ax-les-neiges, il y a
plus / moins / autant d'hôtels/de chambres etc.
qu'à Bontemps-les-pistes.

A Bontemps-les-pistes, il y a ...

C'est Ax-les-neiges/Bontemps-les-pistes qui a le plus de/d' ... le moins de/d' ...

	Ax-les-neiges	Bontemps-les-pistes
nombre d'hôtels	150	160
nombre de chambres	2650	2500
nombre d'appartements à louer	300	300
nombre d'écoles de ski	15	12
nombre de téléskis[1]	20	20
nombre de restaurants	180	200
nombre de discothèques	25	20
nombre de médecins	10	10
nombre d'habitants pendant l'année	500	600

[1] **un téléski** [teleski] ein Skilift

Artikel und Präpositionen bei Ländernamen

11 Dans l'avion

III 6A

a) Hier sind Sätze, die man oft auf Flügen hört. Ergänze die drei Sprechblasen.

f.	la	en	de/d'
m.	le	au	du
pl.	les	aux	des

	① Regardez. Là, en bas, c'est / ce sont	② Je n'ai jamais été	③ Moi, si. Ma mère vient
D	l'Allemagne.	en Allemagne.	d'Allemagne.
NL	______	______	______
L	______	______	______
F	______	______	______
CDN	______	______	______
USA	______	______	______
		Et vous?	

b) Arbeitet danach zu zweit: Hier findet ihr eine Auswahl von weiteren Ländernamen. Macht damit Minidialoge nach dem Muster von oben.

la Pologne · le Viêt-Nam · l'Ecosse · la Suède · l'Angleterre · la Suisse · l'Italie · le Sénégal · l'Autriche

12 Pendant une réunion internationale à Ottawa

III 6A

Sieh dir die Nationalitätenkennzeichen an und ergänze die fehlenden Wörter.

1. – Madame, vous parlez (F) ______ avec un accent (USA) ______ .
   Vous êtes (CDN) ______ ou (USA) ______ ?
2. – Maintenant, je vis (CDN) ______ et mes enfants sont (CDN) ______ ,
   mais je suis née (USA) ______ .
3. – Et vous, monsieur, vous venez (F) ______ , vous êtes (F) ______ ?
4. – Ma femme est (F) ______ , mais moi, je suis (B) ______ .
5. – Vous vivez (B) ______ ? 6. – Non, on vit (L) ______ .

Die Possessivbegleiter

13 Chez les Martin

I 6A

Setze die passenden Possessivbegleiter ein.
Lies deine Sätze dann laut vor und achte dabei auf die Bindung.

mon ma mes | ton ta tes | son sa ses

notre nos | votre vos

leur leurs

1. *Mme Martin:* Qu'est-ce qu'il y a sous ton lit, Sylvie? C'est le bazar!
2. *Sylvie:* Il y a ______ cahier de notes, ______ magazines, ______ serviette, ______ écharpe …
3. *Mme Martin:* Range[1] ______ cahier de notes, ______ magazines, ______ serviette et ______ écharpe, s'il te plaît.
4. Sylvie met ______ cahier de notes dans ______ serviette, ______ magazines sur ______ étagères et ______ écharpe dans ______ armoire.
5. *M. Martin:* David, Marc, dans la salle de séjour, c'est le bazar! Mettez ______ cassettes, ______ livres, ______ anoraks, ______ radio et ______ magazines dans ______ chambre.
6. David et Marc mettent ______ radio et ______ cassettes dans ______ chambre.
7. Ils rangent ______ livres, ______ magazines et ______ anoraks.
8. *David et Marc:* D'accord, on range ______ magazines, ______ livres et ______ anoraks.
9. Mais ça, ce sont les livres et l'anorak de ______ sœur …
10. Eh! Sylvie! Mets ______ livres et ______ anorak dans ______ chambre.

Das indirekte Objektpronomen « leur »
➤ *Kapitel 3.4*

14 Tout le monde[2] cherche.

I 6A

a) Sieh dir zuerst die rechte Spalte mit den Possessivbegleitern an und überlege, wo bei der Aussprache gebunden wird. Trage an all diesen Stellen einen kleinen Bindungsbogen ein: ‿
b) Überlege als Nächstes, welche Satzteile der linken und der rechten Spalte zusammengehören. Ordne den Nummern die richtigen Buchstaben zu und setze sie unten in die Kästchen ein.
c) Vergleiche deine Lösungen anschließend mit den Lösungen deiner Partnerin / deines Partners. Lest eure Lösungssätze laut vor und achtet dabei auf die Bindung.

1	Tu cherches	A	leurs parents et leur‿oncle.
2	Eh! Les jeunes! Vous cherchez	B	son sac avec ses photos et ses articles.
3	Madame, vous cherchez	C	notre groupe et notre hôtel.
4	Je cherche	D	mon groupe et mon hôtel.
5	Nous aussi, on cherche	E	vos élèves?
6	L'élève cherche	F	vos copains et votre assistante d'allemand?
7	Annick et Alain cherchent	G	ta serviette et ton écharpe?
8	La journaliste cherche	H	sa classe et son prof de maths.

1		2		3		4		5		6		7		8	

[1]**ranger qc** [rɑ̃ʒe] etw. aufräumen; – [2]**tout le monde** [tul(ə)mɔ̃d] jeder

Die Demonstrativbegleiter

15 C'est qui, sur ces photos?

II 3A

a) Setze den richtigen Demonstrativbegleiter ein und kennzeichne die Bindungen mit einem Farbstift: ‿

Voici[1] ... un cahier
un‿exercice
une‿image
quatre mots

ce/cet
cette
ces

Ouvrons ________ cahier.
Faisons ________ exercice.
Regardons ________ image.
Utilisons ________ quatre mots pour compléter les phrases.

Julien a passé ses vacances en Angleterre. Il a pris des photos. David est chez Julien:

1. – Je peux regarder ________ photos? Ce sont tes photos de vacances, non? ...
2. ________ monsieur et ________ dame, devant ________ voiture, qui est-ce?
3. – ________ homme, c'est un ami de mes parents et la dame, c'est sa mère.
4. Elle habite dans ________ jolie maison, là, derrière ________ hôtel.
5. Regarde ________ toit et ________ fenêtres, comme ils sont jolis.
6. – ________ garçons et ________ filles, ce sont tes copains anglais. C'est ça? ... Et ________ enfants?
7. ________ deux enfants, ce sont les frères de ________ fille, à gauche.
8. ________ ami de mes parents, c'est leur père.

b) Lest danach die Sätze laut vor. Achtet dabei auf die Bindung.

Die Demonstrativpronomen ➤ Kapitel 3.20

„tout" als indefiniter Begleiter

16 Jean Legros aime manger et il mange beaucoup!

II 7A

a) Arbeitet zu zweit und sagt, was Jean Legros alles gegessen hat. Wechselt euch nach jedem Satz ab und korrigiert euch gegenseitig.

Jean Legros a mangé ...

tout
toute
tous
toutes

1. les biftecks
2. les frites
3. la mousse au chocolat
4. le fromage
5. les yaourts
6. la glace
7. les fraises
8. le chocolat

b) Schreibe die Sätze anschließend in dein Heft.
c) Was könnte er sonst noch alles gegessen haben? Finde weitere Beispiele.

[1]**voici** [vwasi] hier ist / hier sind

17 Une prof bien sympa *Setze die richtige Form von „tout“ ein.*

II 7A

1. ___________ les élèves sont d'accord: Mme Fuchet est une prof qui porte[1] ___________ son attention à ses élèves et qui leur donne ___________ son temps. 2. ___________ ma classe l'adore.
3. ___________ mes copains et ___________ mes copines la trouvent géniale.
4. ___________ ses cours sont super et ___________ ses notes sont correctes.
5. En plus, elle est très jolie: ___________ les garçons du collège sont fous[2] d'elle.

Das Fragewort „quel“

18 Une interview[3]

II 5A

a) Ergänze die fehlenden Teile, sodass sich ein Interview mit dir ergibt.

1. ___________ est ton nom?	Mon nom est ___________
2. Tu as ___________ âge?	J'ai ___________
3. Tu viens de ___________ ville?	Je viens de/d' ___________
4. Tu habites dans ___________ rue?	J'habite ___________
5. Tu vas à ___________ collège?	Je vais au collège ___________
6. Tu vas au collège à ___________ heure?	Je vais au collège à ___________
7. ___________ sont tes matières préférées?	Mes matières préférées, ce sont ___________ ___________
8. Tu aimes ___________ films?	J'aime ___________ ___________
9. ___________ est ton dessert préféré?	Mon dessert préféré, c'est ___________ ___________
10. Tu aimes ___________ fruits?	J'aime les ___________ ___________

b) Suche dir einen Partner oder eine Partnerin und interviewt euch gegenseitig.

Der Begleiter „chaque“ und die Pronomen „chacun/chacune“ ➤ Kapitel 3.19

[1]**porter** [pɔʀte] *hier:* entgegenbringen; – [2]**être fou de qn** [fu] nach jdm verrückt sein; – [3]**une interview** [ynɛ̃tɛʀvju] ein Interview

Das Adjektiv: Formen – Stellung – Vergleich

Die Formen des Adjektivs

1 Une carte postale de Patricia

II 1B

a) Vervollständige die Postkarte mit den unten angegebenen Adjektiven. Achte auf die Formen (Maskulinum/Femininum/Singular/Plural).
b) Arbeitet danach zu zweit: Lest euch den Text gegenseitig vor und denkt daran, dass die Endkonsonanten von Adjektiven bei den weiblichen Formen zu hören sind.

Ma __________ Anne, mon __________ David,

Je passe mes vacances avec ma famille à la campagne, en Normandie.

Il y a des __________ maisons ici. On habite dans une __________ ferme. Nous avons trois __________ chambres sous le toit.

De ma fenêtre, je vois un _______ lac. A la ferme, il y a des __________ chats et un __________ chien, Carlo. Carlo et les chats sont des __________ amis. J'ai une __________ copine.

Elle s'appelle Mélanie et elle est très __________ . Son frère aussi est très __________ et c'est aussi un très _______ copain.

On rentre samedi. Avec ma cousine, on est cinq. Notre voiture est trop __________ pour cinq, alors moi, je vais prendre le train.

__________ bises et à bientôt,

Patricia

Anne et David Dupré
15, rue d'Avon

77300 Fontainebleau

cher/chère---joli/jolies---grand/grande/grands---petite/petits/petites---bon/bonne---sympa (2x)---grosses

2 Ils sont comment?

II 1B

a) Mache diese Übung mündlich mit einem Partner / einer Partnerin. Verbindet die Nomen mit einem passenden Adjektiv und achtet bei der Aussprache auf die richtigen Adjektivendungen. Wechselt euch bei jedem neuen Nomen ab: einmal beginnst du, einmal dein Partner / deine Partnerin.

Beispiele:
A: (Est-ce que) les fruits sont bons?
B: Oui, ce sont des bons fruits.
B: (Est-ce que) l'orange est grosse?
A: Oui, c'est une grosse orange.
A: (Est-ce que) la ville ...

b) Wählt anschließend – jeder für sich – 6 Nomen aus der linken Spalte aus und schreibt 6 Fragen und Antworten mit passenden Adjektiven auf. Korrigiert eure Sätze gegenseitig.

les fruits l'orange la ville les maisons le magasin les pulls la robe le sac la route le restaurant les frites les biftecks le film les filles	bon grand petit joli gros

Die Stellung des Adjektivs

3 Mon cousin

II 1C

Setze die Adjektive an die richtigen Stellen. Lies die Sätze dann laut vor und achte darauf, dass du die Adjektivendungen richtig aussprichst.

1. Mon ________ cousin (cher) ________ aime passer ses vacances dans des ________ hôtels (chers) ________ .
2. Il aime manger dans les ________ restaurants (bons) ________ .
3. Il a une ________ voiture (grosse) ________ et un ________ appartement (petit) ________ à Paris.
4. Il porte une ________ montre (suisse) ________

   et des ________ chemises (italiennes) ________ .
5. Mais c'est un ________ garçon (sympa) ________ .
6. Il a deux ________ chiens (grands/anglais) ________ ,

   un ________ chat (petit/espagnol) ________ ,

   et une ________ copine (jolie/autrichienne) ________ .

Die Adjektive „beau" / „nouveau" / „vieux"

4 C'est quelle forme?

II 7B

belle, beaux, bel, belles, beau, nouveaux, nouvel, nouvelle, nouveau, nouvelles, vieilles, vieux, vieille, vieil

a) Schreibe die Adjektive in die richtigen Spalten und suche ein passendes Nomen dazu.
b) Korrigiert eure Eintragungen danach zu zweit.
c) Zum Schluss ein Gedächtnistest: An welche Beispiele aus dem Heft des Partners / der Partnerin könnt ihr euch erinnern? Zählt sie auf.

m. sing.	**m. sing. vor Vokal oder stummem *h***	**f. sing.**	**m. pl.**	**f. pl.**
un beau ________	un bel ________	une ________	des ________	des ________
________	________	________	________	________
un ________	un ________	une ________	des ________	des ________
________	________	________	________	________
un ________	un ________	une ________	des ________	des ________
________	________	________	________	________

5 Dans le vieux Paris

II 7B

a) Setze die richtigen Formen der drei Adjektive ein.

❂ = **beau**
❖ = **nouveau**
❦ = **vieux**

1. La famille Blanchet habite à Paris. Paris est une ❦ ________ ville avec des ❦ ____________ quartiers, comme par exemple le Marais[1]. 2. Le Marais est un très ❂ _________ quartier avec des ❦ ______________ maisons et des ❦ ___________ hôtels.

3. Les Blanchet habitent dans un ❦ __________ appartement dans une très ❦ ____________ rue, la rue des Blancs-Manteaux[2]. 4. Leur appartement est très ❦ ___________ , mais aussi très ❂ ___________ .

5. Ce sont les grands-parents de Mme Blanchet qui ont acheté ce ❂ _________ appartement en 1950.

6. Aujourd'hui, les ❂ ____________ appartements dans le Marais coûtent très très cher[3]. 7. Dans la rue des Blancs-Manteaux, il y a un ❖ _____________ hôtel avec un ❖ ____________________ restaurant.

8. Dans ce restaurant, on a mis des ❖ ____________________ fenêtres, mais tout le reste est ❦ _____________ . 9. Il y a, par exemple, des ❂ ___________ ❦ _____________ tables et une ❂ __________ ❦ __________ porte. 10. Le restaurant est connu pour sa ❖ _________________ cuisine.

11. Pour préparer la ❖ ________________ cuisine, il faut[4] des ❖ ____________________ appareils.

12. C'est pourquoi dans la cuisine, tout est ❖ __________________ .

b) Ihr könnt zu zweit oder zu mehreren arbeiten: Tauscht eure Hefte aus und überprüft gegenseitig, ob ihr die richtigen Adjektivformen eingetragen habt. Falls ihr Fehler findet, besprecht sie gemeinsam.

Die Steigerung des Adjektivs und der Vergleich

6 Je pense que ...

III 5A

a) Wie denkst du darüber? Ergänze die Sätze und gleiche die Adjektive an.

plus ... que
moins ... que
aussi ... que
?

1. Je pense que Berlin est ____________________ Paris.
   grand
2. ... que le français est ________________________________ l'anglais.
   difficile
3. ... que les garçons sont _________________________________ les filles.
   curieux
4. ... que la vie à la campagne est ____ la vie en ville.
   intéressant
5. ... que les animaux sont ______________________________ les hommes.
   bête
6. ... que les filles sont __________________________________ les garçons.
   fort

b) Lies deine Sätze deinem Partner / deiner Partnerin vor. Ist er/sie immer der gleichen Meinung wie du? Vergleicht eure Sätze. Moi aussi, je pense que ... *oder:* Eh bien moi, je pense que ...

[1] **le Marais** [marɛ] schönes altes Viertel im Zentrum von Paris – [2] **un manteau/des manteaux** [mɑ̃to] ein Mantel/Mäntel – [3] **coûter cher** [kuteʃɛr] teuer sein – [4] **il faut** [ilfo] *hier:* man braucht

7 Réfléchis un peu.

III 5B

++ **le/la/les plus …**

-- **le/la/les moins …**

a) Ergänze die Superlative in den Fragen.
Achte auf die Wortstellung und auf die richtigen Adjektivendungen.

Beispiele:
Où se trouvent **les plus hautes montagnes** du monde? (haut = *Adjektiv, das vor dem Nomen steht*)
Quelle est **la personne la plus rigolote** de tes amis? (rigolo = *Adjektiv, das nach dem Nomen steht*)

1. Quel est ____________________ du monde?
   le pays (++) grand
2. Quelle est ____________________ de France?
   la ville (++) connu
3. Quelles sont ____________________ d'Allemagne?
   les villes (++) beau
4. Chez nous, en Europe, quels sont ____________________ de l'année?
   les mois (++) chaud
5. Et ____________________ ?
   les mois (--) chaud
6. Dans tes cours, quelle est ____________________ ?
   la matière (++) intéressant
7. Et quelle est ____________________ ?
   la matière (--) intéressant

b) Arbeitet zu zweit. Stellt euch die Fragen 1–7 gegenseitig und versucht sie zu beantworten.
Fallen euch noch weitere Superlativ-Fragen ein, die ihr euch gegenseitig stellen könnt?

Die Steigerung des Adjektivs „bon"

8 Il n'y a pas de meilleur.

Setze die korrekten Formen von „bon" ein.

bon	meilleur	le meilleur
bonne	meilleure	la meilleure
bons	meilleurs	les meilleurs
bonnes	meilleures	les meilleures

III 5B

1. «Chez Marguerite» est un très __________ restaurant. C'est ____________________ restaurant de toute la ville. Il est ____________________ que tous les autres.
2. Dans notre rue, il y a une __________ épicerie. C'est ____________________ épicerie du quartier.
3. *A l'épicerie:* Bonjour, madame Martin. Dites, elles sont ______________ , ces pommes?
   – Ah ça, oui. Ce sont ____________________ pommes de la région.
   Elles sont ____________________ que toutes les autres.
4. – Et quelle est ____________________ sorte de pommes de terre? C'est pour faire une salade.
   – Tenez, voilà une très __________ sorte. Elle est ____________________ que toutes les autres.
5. – Vous avez des __________ légumes, je trouve: ce sont ____________________ légumes du quartier!
   Ils sont ____________________ que les légumes qu'on trouve au supermarché.

Das Adjektiv „bon" und das Adverb „bien" ➤ Kapitel 5.4/7

Die Pronomen

Die Subjektpronomen

Die Subjektpronomen und das Verb „être" ➤ Kapitel 4.1

1 Où est le pull?

I 2B

Verbinde die Sätze. Achte dabei auf die Pronomen.
Trage unten in die Kästchen die passenden Buchstaben ein.

1 Où est le pull?
2 Où sont la trousse et le crayon?
3 Tu es d'où?
4 Et Annick est d'où?
5 Vous êtes d'ici?
6 Où est l'adresse de Sophie?
7 Anne et Christophe sont avec qui?
8 Christophe est d'où?
9 Caroline et Nicole sont avec qui?
10 Où sont les chaussures?

A Il est de Paris.
B Ils sont avec Luc.
C Non, nous sommes de Lyon.
D Il est dans le sac.
E Elles sont avec Dominique.
F Ah! Elles sont là.
G Elle est dans la serviette.
H Elle est de Fontainebleau.
I Je suis de Lausanne.
K Ils sont sous le pull.

je tu
il elle on
nous vous
ils elles

1		2		3		4		5		6		7		8		9		10	

Ihr könnt diese Frage-und-Antwort-Übung auch zu zweit machen.
Du stellst Frage 1, der Partner Frage 2, du wieder Frage 3 usw.

Die direkten und indirekten Objektpronomen

2 On fait les courses.

I 8C

Ersetze den unterstrichenen Satzteil durch ein Objektpronomen.

1. On fait <u>les courses</u>? – Oui, on les fait.
2. Tu prends <u>la liste</u>? – Oui, je ______ .
3. Tu as <u>le porte-monnaie</u>? – Oui, je ______ .
4. Tu apportes <u>les sacs</u>? – Oui, je ______ .
5. Tu mets <u>ton pull</u>? – Oui, je ______ .
6. On prend <u>la voiture</u>? – Non, on ______ .
7. On attend <u>le bus</u>? – Non, on ______ .
8. On traverse <u>le boulevard</u>? – Non, on ______ .
9. Tu as <u>les sacs</u>? – Mince! Non, je ______ .
10. Tu as <u>le porte-monnaie</u>? – Mince! Non, je ______ . Il est à la maison!

l'
le
la
les

3 Je vais vous raconter une histoire.

II 4C

Ergänze die fehlenden Teile so, dass sich sinnvolle Sätze ergeben. Verwende dabei „me“, „te“, „nous“, „vous“ a) als direktes Objekt, b) als indirektes Objekt.

me/m' – nous – vous – te/t'

1. Ecoutez, les enfants: je vais ______________________________
2. Eh! Ne criez pas comme ça. On ________________________ de loin.
3. Tu viens au cinéma avec moi? Je _________________ .
4. Tu es fatigué? Attends, je vais _______________________________ .
5. Quand je fais des fautes de français, tu _________________________ ,

   d'accord?
6. Notre train part à 15 heures. Tu _________________________________

   à la gare?
7. Mamie m'aime bien. Elle veut ___________________________________ .

a) entendre qn | corriger qn | accompagner qn | inviter qn

b) acheter un canoë à qn | faire un café à qn | raconter une histoire à qn

Passé composé: Veränderlichkeit des participe passé nach direktem Objektpronomen ➤ Kap. 4.41

4 Une fois c'est oui, une fois c'est non.

II 5A

Schreibe die Antworten: zuerst bejaht und danach verneint.
Verwende für die unterstrichenen Satzteile die passenden indirekten Objektpronomen.

lui – m. et f. – leur

1. – On donne à manger <u>au chat</u>?

   – Oui, _______________________________ .

   – Non, ____ . Il est trop gros.

2. – On ouvre la porte <u>aux chiens</u>?

   – Oui, ____ .

   – Non, ____ .

   Ils peuvent très bien rester dans la cour.

3. – On dit <u>à tante Sophie</u> de venir nous voir?

   – Oui, ____ .

   – Non, ____ . Elle parle trop.

4. – On téléphone <u>à papi et mamie</u>?

   – Oui, ______________________________________ .

   – Non, ____ .

   Je _________ ai téléphoné ce matin.

Die Possessivbegleiter „leur/leurs“
➤ Kapitel 1.13
Das unverbundene Personalpronomen „lui“
➤ Kapitel 3.12

5 Qu'est-ce qu'il nous faut?

II 8A

Verwende die Elemente so, dass sich sinnvolle Sätze mit „il faut" und indirekten Objektpronomen ergeben.

des boissons et des chips – des sacs de couchage – une bonne corde – un caméscope
un carnet de tickets – de l'argent – un billet de train

je	il me faut
tu	il te faut
il/elle	il lui faut
nous	il nous faut
vous	il vous faut
ils	il leur faut

1. Eric et Valérie veulent faire une fête.
   Alors, il leur faut des boissons et des chips.
2. A cette fête, Gilles va faire une vidéo.
   Pour cela[1], ______________________ .
3. Vous voulez faire de l'escalade?
   Alors, ______________________ .
4. Tessa et Alice veulent faire du camping.
   C'est pourquoi ______________________ .
5. Tu pars pour la Suisse en train. Alors, ______________________ .
6. Deux jeunes Allemands qui sont à Paris pour trois jours, veulent prendre le métro pour visiter la ville.
   Alors, ______________________ .
7. Ma cousine veut acheter une ferme. Mais pour cela, ______________________ .

Die Pronomen „en" und „y"

6 Petit déjeuner chez des amis français

II 9A

Stefan ist bei Freunden in Frankreich. Vervollständige die Antworten und verwende dabei das Pronomen „en".

1. Tu veux du thé? – Oui, j' en veux .
2. Tu mets du lait dans ton thé? – Non, je ______________ .
3. Tu prends du sucre? – Oui, j'______________ .
4. Tu mets combien de morceaux de sucre? – J'______________ (3).
5. Tu prends des biscottes? – Non, merci, je ______________ .
6. Voilà des croissants. Tu en veux? – Oui, j'______________ (1). Merci.
7. Tu veux encore du thé? – Non, merci, je ______________ .
8. Chez vous, on mange du yaourt au petit déjeuner? – Oui, on ______________ .
9. Vous buvez du café au lait? – Il y a des Allemands qui ______________ .
   Mais nous, nous ______________ .

[1] **pour cela** [purs(ə)la] dazu

7 Réponse par e-mail[1]

II 9A

a) Fabrice will für eine Woche ins Massif central fahren. Seine Cousine Valérie hat dort letztes Jahr eine Radtour gemacht. Er schickt ihr eine E-Mail mit einigen Fragen. Hier ist Valéries Antwort. Ergänze die fehlenden Teile. Verwende dabei jedes Mal das Pronomen „y" und achte darauf, dass es an der richtigen Stelle steht.

1. Salut, Fabrice, ... Oui, le lac Sauvage est un bon endroit pour passer une semaine. On y est bien (être bien).

   Tu ______________ (pouvoir aller). Nous ______________________ (avoir passé) deux jours.

2. Non, on __________________________________ (rencontrer) beaucoup de Parisiens.
3. Oui, on ______________________ (pouvoir faire) du camping.
4. Non, on ______________________________________ (pouvoir jouer) au tennis.
5. Oui, il ____________ (faire) chaud, en été. Mais pas trop. Les nuits ____________ (être) assez froides.
6. Non, il ________________________ (pleuvoir) tout le temps. Qui t'a raconté ça?

b) Arbeitet zu zweit: Partner A schlüpft in die Rolle von Fabrice und stellt dessen Fragen. Partner B gibt die Antworten. Wenn ihr den Dialog durchgespielt habt, wiederholt ihn mit getauschten Rollen.

8 On y va et on en vient.

III 6B

a) Setze entweder „y" oder „en" ein.

b) Lies die Fragen und Antworten anschließend zusammen mit einem Partner / einer Partnerin laut als Dialog vor. Beim zweiten Durchgang tauscht ihr die Rollen.

1. – Les Garnier vont aux Etas-Unis cette année? – Oui, ils _____ vont en juillet.
2. – Dis, tu as pensé à l'anniversaire de Laure? – Oui, j'_____ ai pensé. Et j'_____ ai parlé aux copains.
3. – Laure est revenue de Stuttgart hier? – Non, elle _____ est revenue ce matin.
4. – Est-ce que Mme Blanchet connaît Paris? – Bien sûr! Elle _____ travaille depuis cinq ans.
5. – Quand est-ce que Daniel est rentré d'Allemagne? – Il _____ est rentré dimanche.
6. – Il est allé chez le dentiste? – Non. Il a peur d'_____ aller.
7. – Tiens! Tu as acheté des billets de cirque? – Oui, j'_____ ai pris deux.
8. – Tu veux aller au cirque? – Oui. On peut _____ aller ensemble. Je t'invite.
9. – Tu crois aux fantômes? – Non, je n'_____ crois pas. Et toi?
10. – Moi, j'_____ crois.

[1] **un e-mail** [imɛl] eine E-Mail

Der bejahte und der verneinte Imperativ mit einem Pronomen

Der Imperativ mit seinen Grundformen ➤ Kapitel 4.8–11

9 Avant le départ

III 5A

① me/m' ➡ moi
te/t' ➡ toi

② Va en‿Ecosse.
Vas-‿y. [vazi]
Allons-‿y. [-zi]
Allez-‿y. [-zi]

③ Mange des feuilles.
Manges-‿en. [mɑ̃ʒzɑ̃]
Mangeons-‿en. [-zɑ̃]
Mangez-‿en. [-zɑ̃]
Mange-les. [mɑ̃ʒle]

a) Sprechblasen und Kasten 1: Welche Besonderheiten beim bejahten Imperativ mit einem Pronomen sind hier dargestellt?

b) Lies die Sätze in den Kästen 2 und 3 laut vor und achte dabei auf die Bindung.

c) Ergänze die fehlenden Pronomen bei den Imperativen in der rechten Spalte und denke an die Bindestriche.

d) Lies den Dialog dann entweder allein oder zusammen mit einer Partnerin / einem Partner laut vor. Achtet auf Bindungen!

1. J'ai envie de boire de l'eau. – Eh bien, bois-en.
2. Ecoute, je dois te parler. – Eh bien, parle.
3. Je veux aller au lac Ness, en Ecosse. – Eh bien, vas.
4. Là, je vais me cacher. – Eh bien, cache.
5. Mais avant, je dois vendre ma maison. (la) – Eh bien, vends.
6. Je dois informer mes amis. – Eh bien, informe.
7. Je dois dire au revoir à mes parents. – Eh bien, dis au revoir.
8. Et je dois dire tchao à ma copine. – Eh bien, dis tchao.
9. Je pense que je vais changer mon nom. – Eh bien, change.
10. Je vais m'appeler Nessy. – Eh bien, appelle Nessy.
11. Tu sais, je vais peut-être vous oublier. – Eh bien, oublie.

10 D'accord.

III 5A

a) Ergänze jeden Satz durch einen Imperativ mit dem passenden Pronomen.
b) Lies die Sätze anschließend laut vor. Denke an die Bindung vor „y" und „en".

1. Tu veux faire cet exercice? Alors, fais-le.
2. Nous voulons aller en ville. Alors, ________.
3. Vous voulez prendre des photos. Alors, ________.

➤

4. Tu as envie de te doucher. Alors, ______________________________ .

5. Tu voudrais téléphoner à tes parents? Alors, ____ .

6. Vous voulez m'inviter à danser? Alors, _________________________________ .

7. Tu veux aller chez Régis? Alors, ___________________ .

8. Vous voulez dire bonjour à Julia? Alors, ____ .

9. Nous sommes ici pour nous amuser. Alors, ______________________________________ .

11 Pas d'accord.

III 6B

a) Hier wird widersprochen: Aus den bejahten werden verneinte Imperative.
Setze sie ein. Wirf zuvor aber nochmal einen Blick auf die Imperativ-Besonderheiten am Anfang von Übung 9.

1. – Tu veux aller à la piscine? **Vas-y.**

   – Non, ________________ . Il pleut. Il fait un temps de chien!

2. – Il est joli, ce restaurant. **Entrons-y.**

   – Non, ____ . Tu as vu les prix?

3. – Ce vin est délicieux. **Prenez-en,** monsieur.

   – Non, ____ . Vous devez conduire.

4. – Anne, dis pardon à cette dame. Allez, **excuse-toi.**

   – Non, ____ . Tu n'as rien fait.

5. – Tu as le numéro des Garnier? **Téléphonons-leur.**

   – Non, ____ . Envoyons-leur un e-mail[1].

6. – Alex a des problèmes à faire ses devoirs. **Aidez-le,** s'il vous plaît.

   – Non, ____ . Il doit se débrouiller.

7. – Ces fraises ne sont pas chères. **Achètes-en.**

   – Non, ____ . Regarde, elles sont encore toutes vertes.

b) Arbeitet zu zweit: Vergleicht eure Einträge und korrigiert sie, wenn nötig.
Vergleicht danach bei jedem Satzpaar die bejahte und die verneinte Form des Imperativs.
Gibt es Besonderheiten? ... Welche? ...

---

[1] **un e-mail** [imɛl] eine E-Mail

Die unverbundenen Personalpronomen

12 Les sports

III 2B

1 ________ , **je** fais de la natation
2 ________ , **tu** joues au foot
3 ________ , **il** joue au tennis
4 ________ , **elle** fait du judo
5 ________ , **nous** faisons du ski
6 ________ , **vous** jouez au basket
7 ________ , **ils** font du cheval
8 ________ , **elles** font du canoë

a) Ordne die Formen der unverbundenen Personalpronomen den entsprechenden verbundenen Personalpronomen zu. Schreibe sie in der richtigen Reihenfolge in das rot umrandete Feld und erstelle so deine eigene Formen-Übersicht.

b) Lies die Sätze deiner Übersicht (1–8) nun laut vor. Beim lauten Lesen wird deutlich, wie das Subjekt durch die vorangestellten unverbundenen Personalpronomen hervorgehoben wird. Außerdem prägen sich die Formen so besser ein.

Das indirekte Objektpronomen « lui »
➤ Kapitel 3.4

13 C'est qui, sur cette photo?

III 2B

Eine Enkelin sieht sich bei den Großeltern alte Familienfotos an. In dem Dialog fehlen die unverbundenen Personalpronomen. Ergänze sie.

1. – Cet enfant, c'est papa?
   – Oui, c'est ________ .
2. – Ah! Et voilà l'oncle Jean et l'oncle Eric.
   – Oui, c'est ________ .
3. – Ces deux filles, c'est Anne et Marie?
   – Non, ce n'est pas ________ .
   Elles ne sont pas sur la photo.
4. – La jeune fille à cheval, c'est ________ , mamie?
   – Oui, c'est ________ .
5. – Et sur l'autre cheval, c'est ta sœur?
   – Oui, c'est ________ .
6. – Tiens! Vous avez fait de l'escalade, papi et toi?
   Ces deux jeunes, c'est bien ________ , non?
   – Oui, c'est ________ .

14 Après le concert de rock

III 2B

a) Luc geht mit seiner Clique zu einem Rock-Konzert. Es wird spät. Nach dem Konzert gehen alle nach Hause.

1. Luc, lui , rentre chez lui . 2. Les sœurs Godard, ________ , rentrent chez ________ .
3. Eric et Alice, ________ , rentrent chez ________ . 4. Julia, ________ , rentre chez ________ .
5. ________ , nous rentrons chez ________ . 6. Et ________ , vous rentrez chez ________ .

b) Arbeitet zu zweit oder zu mehreren. Wählt Namen von euch bekannten Jungen und Mädchen aus und schickt sie dann einzeln (damit ihr die Singular-Formen übt) oder zu zweit (damit ihr auch die Plural-Formen gebraucht) nach dem Muster von Übungsteil a) nach Hause. Beendet die Übung mit: Moi, je ... et toi, tu ...

Die Relativpronomen „qui“, „que“/„qu’“ und „où“

15 Mon école de rêve

III 2A

Mon école de rêve, ...
c’est **une école qui** est sympa
c’est une école **que je** trouve sympa
c’est une école **qu’on** trouve sympa
c’est une école **où** tout est sympa

Setze das korrekte Relativpronomen ein.

1. Mon école de rêve, c’est une école _______ n’est pas comme les autres. 2. C’est une école _______ les élèves trouvent géniale: une école _______ on peut aller et venir comme on veut et _______ on apprend seulement les matières _______ on aime. 3. On va aux cours _______ sont intéressants, on ne va plus aux cours _______ on déteste. 4. Nous avons des profs _______ sont bien sympa et _______ nous adorons: des profs _______ nous donnent toujours des bonnes notes et _______ ne nous donnent jamais de devoirs.

16 Non, ce n’est pas ça.

III 3B

Hier geht es um die Hervorhebung mit „c’est/ce sont ... qui/que (qu’) ...“.
Setze das richtige Relativpronomen ein. Die Übersicht oben in Übung 15 kann dabei hilfreich sein.

1. Tu écoutes un CD? – Non, c’est la radio _______ j’écoute.
2. C’est ton petit frère _______ chante dans la cour? – Non, c’est un autre enfant _______ on entend chanter.
3. *Dans la rue:* – Vous cherchez votre chien, monsieur? Il est là. – Non, c’est ma femme _______ je cherche.
4. C’est vous _______ avez garé votre voiture sur le trottoir? – Posez cette questions aux jeunes gens, là.
   Ce sont eux _______ prennent le trottoir pour un parking. C’est à eux _______ il faut parler.

17 Mélanie, ma meilleure copine

III 7B

a) Setze die passenden Präpositionen und Relativpronomen ein.

1. Mélanie, c’est une copine _______________ je joue souvent au tennis.
2. C’est une fille _________ les garçons admirent, une fille _______ on aime.
3. C’est ma meilleure copine _______________ j’ai beaucoup d’amitié,
   ___________ je peux tout raconter, _______________ je vais quand j’ai des problèmes.
4. C’est une amie _______________ on s’amuse bien.
5. Mais il faut toujours l’attendre: Mélanie, c’est quelqu’un _______ est toujours en retard.

pour qui
chez qui
avec qui (2x)
à qui
qui
que/qu’

b) Arbeitet zu zweit oder mehreren: Denkt an bestimmte Personen, die ihr kennt und sprecht über sie: Tim, c’est un garçon avec qui .../que .../ à qui ... Notre prof, c’est quelqu’un qui ... etc.

18 **Faire comme tous les jeunes** III 7B

Ergänze die fehlenden Satzteile.

ce que / qu' | ce qui | ?

Comment je m'habille? Eh bien, je porte …

1. ____________ je veux,
2. ____________ me va bien,
3. ____________ on trouve dans les magasins,
4. ____________ ne coûte pas trop cher,
5. ____________ je peux me payer,
6. ____________ portent tous les jeunes de mon âge.

Comment je vis? Eh bien, je fais …

7. ____________ m'amuse,
8. ____________ je trouve rigolo,
9. ____________ est drôle,
10. ____________ m'intéresse,
11. ____________ on aime faire quand on est jeune,
12. ____________ font tous les jeunes de mon âge.

Der Begleiter „chaque" und die Pronomen „chacun"/„chacune"

19 **Partir en vacances** *Setze „chaque" oder „chacun/chacune" ein.* III 5B

1. ____________ été, c'est la même chose: 2. ____________ a la même idée: partir en vacances. 3. Sur ____________ autoroute, des milliers de voitures, dans ____________ des hommes, des femmes, des enfants qui crient ____________ fois qu'il y a un nouveau bouchon. 4. ____________ se dit que partir en vacances, c'est l'horreur! 5. ____________ année, c'est la même chose.

Die Demonstrativpronomen

20 **Au rayon « Vêtements »** IV M4

Erstelle deine eigene Formen-Übersicht.

celui | celle | ceux | celles | + -ci / -là / qui / que

Voici …	**Voilà …**	**J'achète …**
1. **un pantalon** vert.	1. **un pantalon** jaune.	1. Celui qui me va le mieux.
Celui-ci est vert.	Celui-là est jaune.	____________ j'aime le mieux.
2. **une robe** chère.	2. **une robe** moins chère.	2. ____________ je peux me payer.
____________ est chère.	____________ est moins chère.	____________ coûte moins cher.
3. **des tee-shirts** blancs.	3. **des tee-shirts** bleus.	3. ____________ sont de couleur.
____________ sont blancs.	____________ sont bleus.	____________ tu vois là.
4. **des chaussettes** rouges.	4. **des chaussettes** noires.	4. ____________ tu trouves rigolotes.
____________ sont rouges.	____________ sont noires.	____________ ont des dessins.

Die Demonstrativbegleiter ➤ Kapitel 1.15
Die Reflexivpronomen ➤ Kapitel 4.31/32

Das Verb: Formen – Zeiten – Ergänzungen

Das Verb „être" und die Subjektpronomen

1 Vous êtes d'où?

I 2A

Vervollständige die Dialoge und setze die richtigen Formen des Verbs „être" ein.

Caroline: Tu __________ de Paris, Annick?

Annick: Non, je __________ de Fontainebleau.

Caroline: Fontainebleau, c' __________ où?

Annick: C' __________ près de Paris. Et toi, René, tu __________ d'où?

René: Je __________ d'Avignon.

Annick: Et Julien et Nicole?

René : Ils __________ aussi d'Avignon.

Annick: Et Petra et Carmen? Elles __________ d'où?

René: Elles __________ de Brême.

Eric: Salut, Sandrine! Salut, Florence!

Sandrine: Bonjour, Eric!

Eric: Vous __________ de Fontainebleau?

Sandrine: Non, nous __________ d'Avon.

Florence: Où __________ le château de Fontainebleau?

Eric: Alors, on __________ ici, et le château __________ près de la rue de France.

Florence: Merci, Eric. Salut!

2 Devinette[1]

I 2A

a) Suche die Formen des Verbs „être" und umkreise sie. Achtung: Die Verbformen sind waagerecht, senkrecht und diagonal versteckt.

b) Trage sie anschließend in die Tabelle ein.

j	u	s	u	i	s	o	l	e	s	w	r
k	e	t	u	s	n	s	o	m	m	e	s
e	j	b	n	n	z	w	r	s	e	s	t
t	l	v	ê	u	w	s	z	l	o	n	b
z	p	h	t	s	o	i	o	e	n	v	p
e	a	d	e	o	l	r	h	n	b	m	s
u	s	s	s	d	e	s	t	k	t	m	o
i	o	t	h	g	d	s	d	g	l	s	n
p	l	l	ê	t	r	e	d	f	h	k	t

être	
je	
tu	
il	
elle	
on	
nous	
vous	
ils	
elles	

[1] **une devinette** [dəvinɛt] ein Rätsel

Das Präsens der Verben auf „-er“

3 Les verbes

I 4A

Bei den folgenden Verben wurden die Buchstaben vertauscht.

a) Bringe sie wieder in die richtige Reihenfolge und schreibe sie in dein Heft oder auf ein Blatt.

b) Vervollständige die korrekte Verbform (1–12).

céotreu · jauoetr · reujo · realpr · prehéntéol · rgadrerer · éréptre · tenrer · chcherer · crtaorne · préraper · bhiatre

1. j'é ______	2. tu ch ______	3. on j ______
4. elle e ______	5. nous r ______	6. j'h ______
7. il pr ______	8. elles ra ______	9. vous a ______
10. ils p ______	11. nous t ______	12. R ______ !

4 Vous habitez à Genève?

I 4A

Bilde Aussage- und Fragesätze.

1. habiter près de Marseille (nous) ➠ Nous ______ près de Marseille.
2. écouter la radio (je) ➠ ______
3. entrer dans la salle de bains (tu) ➠ ______ ?
4. regarder un magazine (on) ➠ ______
5. préparer le dessert (nous) ➠ ______
6. chercher un CD (elles) ➠ ______
7. raconter le sketch (vous) ➠ ______ ?
8. jouer dans la cour (il) ➠ ______ ?

5 Tu regardes ... ? Vous écoutez ... ?

Setze in die Lücken die passende Verbform ein.

1. Tu ________________ (regarder) la télé ? – Non, j'________________ (écouter) une chanson.
2. Vous ________________ (préparer) une vidéo? – Non, nous ________________ (préparer) un sketch.
3. Eric et Patricia ________________ (jouer) un sketch.
4. Pascal ________________ (chercher) un stylo.
5. Vous ________________ (habiter) à Lausanne? – Non, nous ________________ (habiter) à Genève.
6. Stéphanie? – Oui, oui, une seconde, je ________________ (téléphoner) .

Das Präsens von „faire"

6 Je fais, tu ...

Schreibe die richtigen Formen des Verbs „faire" in das Buchstabengitter.
Die Buchstaben in den nummerierten Kästchen führen zu der Lösung.

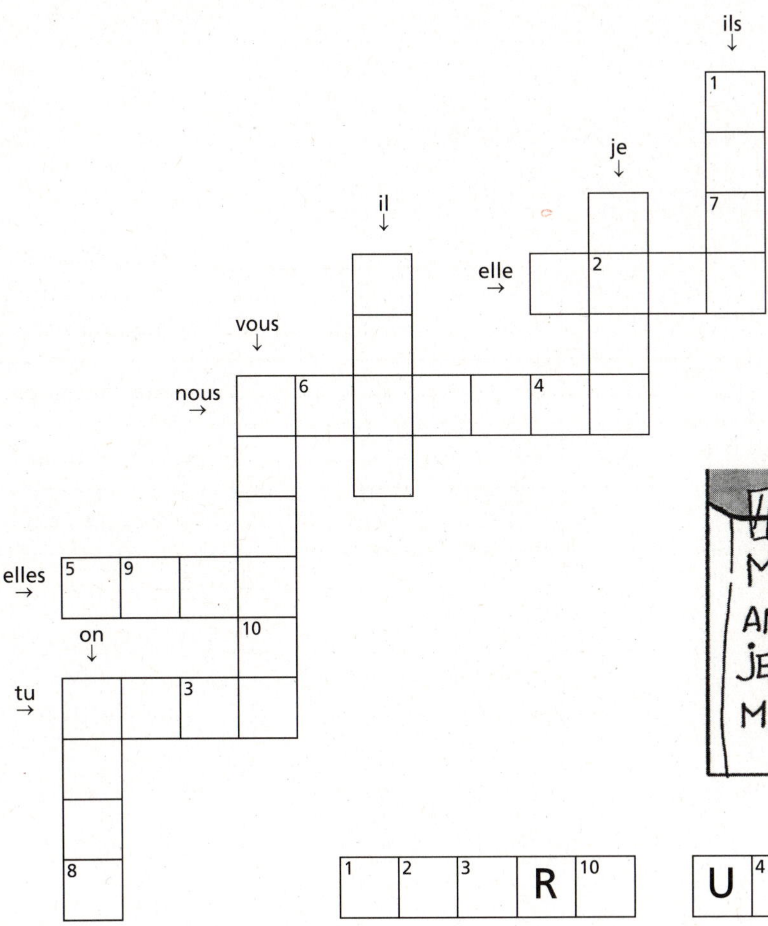

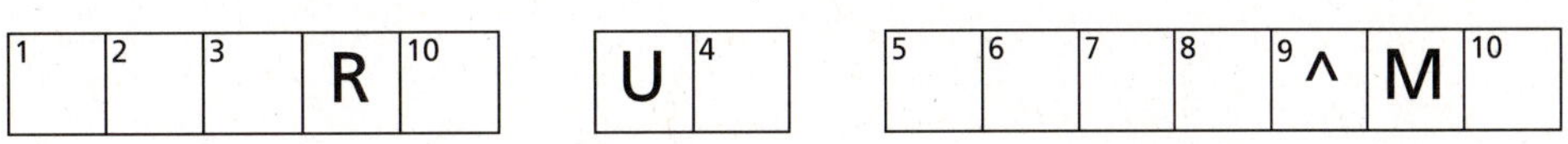

7 On fait un sketch.

I 4A

Setze die passenden Formen von „faire“ ein.

1. Qu’est-ce que vous ______________ , Janine et Marc?
2. Nous préparons une fête ; nous ______________ un sketch.
3. Et qu’est-ce que vous ______________ dans le sketch?
4. *Janine* : Moi, je ______________ le prof de maths.
5. *Marc* : Et moi, je ______________ le copain d’Isabelle.
6. Et Laurent et Nadine?
7. Ils ______________ un grand-père et une grand-mère.
8. Alain et Annick, qu’est-ce que vous ______________ dans le sketch?
9. Euh … nous, nous ______________ des élèves.
10. Et toi, Marc, qu’est-ce que tu ______________?
11. Moi, je ______________ un fantôme.

Der Imperativ

8 Que faire?

I 4A

Vervollständige die Lücken in der Tabelle nach dem angegebenen Muster.

Infinitiv	1. Person Sing.	Imperativ Sing.	Imperativ Plural	
1. écouter	j’écoute	Ecoute	Ecoutez/Ecoutons	la radio.
2. jouer				à l’ordinateur.
3. chercher				le cahier de maths.
4. regarder				des magazines.
5. préparer				une salade.
6. ajouter				un zéro.
7. téléphoner[1]				à mamie.
8. raconter				le sketch.

[1]**téléphoner à quelqu’un** [telefɔne] jemanden anrufen

9 Faites …

I 4A

Übersetze die Befehle.

1. Hör zu! ➠ ______________________
2. Lasst uns einen Film anschauen! ➠ ______________________
3. Tretet ein! ➠ ______________________
4. Such die Kassetten! ➠ ______________________
5. Lasst uns auf dem Hof spielen! ➠ ______________________
6. Lasst uns Beefsteaks machen! ➠ ______________________
7. Lasst uns den Nachtisch zubereiten! ➠ ______________________
8. Ergänzt die Übung! ➠ ______________________
9. Sprecht nach! ➠ ______________________
10. Lest die Zeitschrift! ➠ ______________________
11. Macht Dialoge! ➠ ______________________

10 Tableau de conjugaison (1)

I 7A

Schreibe die Präsens- und Imperativformen in die Tabelle.

	être	avoir	faire	mettre	prendre	acheter	aller
je							
tu							
il							
elle							
on							
nous							
vous							
ils							
elles							
		Imperativ					

Das Präsens und der Imperativ der Verben auf „-dre": „répondre/attendre"

11 Tu réponds?? J'attends!!

I 8C

a) Füge die fehlenden Verbformen in die Tabelle ein und setze die entsprechenden Formen in die unten stehenden Sätze ein.
b) Unterstreiche die Endungen der Verben in der Tabelle.

attendre	répondre	impératif
j' ____________	je ____________	____________
tu ____________	tu ____________	____________
il/elle/on ____________	il/elle/on ____________	____________
nous ____________	nous ____________	____________
vous ____________	vous ____________	____________
ils/elles ____________	ils/elles ____________	____________

1. Elle ____________ son amie.
2. Vous ____________ toujours aux questions de votre professeur?
3. Tu ____________ à la lettre de ton correspondant allemand?
4. ____________ -moi devant le ciné à huit heures.
5. Nous ____________ le bus.
6. Marc! Le téléphone! ____________ , s'il te plaît!
7. Annick et Alain ____________ une lettre de leur grand-père.

Das Präsens der Verben „pouvoir" und „vouloir"

12 Qu'est-ce qu'ils veulent?

I 9B

Schreibe auf, was die Personen „wollen" ☺ *bzw. „nicht wollen"* ☹.

1. Nathalie – une glace ☺
2. Je – manger au restaurant ☹
3. Pierre – une montre ☺
4. Nous – un chien ☺
5. Vous – un gâteau ? ☺
6. Nadine et sa copine – aller au cinéma ☹
7. Tu – un coca ☺
8. Solange et Sabine – regarder des BD ☺
9. Nous – rester à la maison ☹
10. Je – un chat ☺

1. Nathalie ___________________ une glace.

2. Je ___________________ manger au restaurant.

3. Pierre ___________________ une montre.

4. Nous ___________________ un chien.

5. Vous ___________________ un gâteau?

6. Je ___________________ un chat.

7. Tu ___________________ un coca?

8. Solange et Sabine ___________________ regarder des BD.

9. Nous ___________________ rester à la maison.

10. Nadine et sa copine ___________________ aller au cinéma.

13 Ils ne peuvent pas faire leurs devoirs.

I 9B

a) Um herauszufinden, warum Nathalie und Alain ihre Hausaufgaben nicht machen können, musst du im Schneckenhaus die Buchstaben zwischen den Formen von „pouvoir" suchen und zu sinnvollen Wörtern verbinden. Schreibe anschließend die Formen von „pouvoir" in die entsprechenden Lücken der Übung.

Lösung: Nathalie et Alain ne peuvent pas faire leurs devoirs, parce ce qu'ils ______________________________ .

1. Il ______________ faire le café.
2. Je ______________ préparer le dîner.
3. Nous ______________ acheter des croissants.
4. Ils ______________ aller à la poste.
5. Tu ______________ faire le lit, s'il te plaît?
6. Vous ______________ attendre 5 minutes?
7. Elle ______________ prendre le train.
8. Elles ______________ attendre, non?

b) Verneine die folgenden Sätze.

1. Christine, tu peux faire les courses à Miniprix? – Non, je ne ______________ (pouvoir) pas. Je fais mes devoirs.

2. Vous pouvez préparer des sandwichs? – Non, nous ne ______________ (vouloir) pas. Nous écoutons des CD.

3. Gamal peut prendre une photo? – Non, il ne ______________ (pouvoir) pas. Il n'a pas le temps.

4. Philippe et David peuvent ranger[1] leurs chambres? – Non, ils ne ______________ (vouloir) pas. Ils détestent ça.

[1] **ranger la chambre** [rɑ̃ʒe] das Zimmer aufräumen

Das Futur composé

14 Qu'est-ce qu'on va faire le week-end?

I 9B

Vervollständige die Sätze.

le week-end

1. Sandra et Claudine _______ manger une glace.
2. Jean _______ faire les courses.
3. Nous _______ rester à la maison.
4. Alain et Florence _______ faire une promenade.
5. Vous _______ travailler?
6. Je _______ jouer au tennis.
7. Tu _______ aller au cinéma?

15 Je ne vais pas …

I 9B

Bilde sinnvolle Sätze aus den vorgegebenen Elementen.

je tu il, elle, on nous vous ils, elles	ne – aller – pas	rester aller faire acheter inviter rentrer regarder	?	au cinéma. une promenade. mes/tes/ses … copines. à la maison. des CD. les courses. avec Isabelle. la télé.

Das Passé composé mit „être" und „avoir"

16 Qu'est-ce que vous avez fait pendant le week-end?

II 2A

Bilde Fragen und Antworten.

1. Vous avez regardé la télé? – Oui, on ______________________
2. Vous avez … – Non, on ______________________
3. Vous … – ______________________
4. – ______________________
5. – ______________________
6 – ______________________
7. – ______________________
8. – ______________________

danser en boîte
jouer au ping-pong
louer un vélo
~~manger dans un restaurant~~
~~acheter des CD~~
~~passer le samedi à la campagne~~
~~grimper dans la forêt de Fontainebleau~~
regarder la télé

17 Qu'est-ce que les jeunes ont fait pendant les vacances?

II 2B

a) Setze die Verben ins passé composé. Achte auf die korrekten Endungen des participe passé.
b) Begründe die Angleichung des participe passé.
Beispiel: Elles sont arrivées; participe passé = arrivé; Subjekt = fém./pl. ➠ arrivé<u>es</u>.

1. Marc, Christine et Nathalie ________ (aller) à Fontainebleau pour grimper.
2. Marc ________ (monter) vite, mais Christine ________ (monter) comme un escargot.
3. Marc et Christine, vous ________ (descendre) ensemble?
4. Oui, nous ________ (descendre) ensemble.
5. Et toi, Nathalie tu ________ (rester) en bas?
6. Oui, je ________ (rester) en bas. Après, nous ________ (rentrer) ensemble à la maison.
7. On ________ (arriver) chez nous à 19 h.

18 Les participes cachés

II 2B

Suche die im Gitternetz versteckten participe passé-Formen und trage sie mit den Infinitivformen in die Tabelle ein. Achtung: Die Wörter im Gitter sind waagerecht, senkrecht, vorwärts und rückwärts versteckt.

U	R	U	P	R	I	S	S	R	I	G	F	A	I	T
D	E	O	L	E	G	B	D	É	S	C	E	N	D	U
N	N	J	V	S	J	C	A	P	X	É	T	N	O	M
E	T	H	U	T	G	É	U	O	J	D	E	R	Y	A
T	R	V	T	É	M	F	D	N	E	N	T	R	É	N
T	É	A	R	R	I	V	É	D	G	A	O	R	Q	G
A	L	L	É	B	S	H	I	U	E	D	A	N	S	É

Infinitiv	avoir	Infinitiv	être
prendre	il a pris	monter	il est monté; elle est . . .
f________		a________	
a________		a________	
v________		r________	
m________		d________	
j________		e________	
r________		r________	
m________			
d________			

19 Les vacances dans l'île de Ré

II 2B

a) Schreibe deiner französischen Brieffreundin / deinem französichen Brieffreund eine Postkarte aus dem Sommerurlaub auf der „île de Ré". Verwende die unten angegebenen Elemente und das passé composé.
b) Lies anschließend deiner Nachbarin / deinem Nachbarn deine Postkarte vor.

Ars en Ré, le .... 20...

Chère / Cher ....,

A bientôt

....

aller dans l'île de Ré – trouver des copains et des copines – samedi faire du VTT avec ... – après aller à la plage – le soir aller en boîte – rester jusqu'à minuit – retourner à l'hôtel en taxi – dimanche passer toute la journée sur la plage – voir des vagues énormes – après la baignade, manger des glaces sur la plage

Die unregelmäßigen Verben „tenir" und „venir"

20 Je viens, tu tiens, ...

II 3B

a) Setze die richtigen Verbformen ein.

1. Tu ______________ (venir/présent) d'où? – Je ______________ (venir/présent) de Lyon.
2. Et Muriel? – Elle ______________ (venir/présent) de Bordeaux.
3. Marc et Anne, ______________ (venir/impératif) donc manger « Chez Pierre » ce midi.
4. ______________ (tenir/impératif), Monsieur, regardez dans le journal: encore un accident de voitures!
5. Qu'est-ce que tu ______________ (tenir/présent) à la main?
6. ______________ (tenir/impératif) Christine! L'écharpe est pour toi!
7. Vous ______________ (venir/présent) d'où? – Nous ______________ (venir/présent) d'Angleterre.
8. Marc, ______________ (venir/impératif) vite! Papa t'attend.

b) Setze die Verben ins passé composé.

1. Qu'est-ce que vous ____________ (faire) ? – Nous ____________ (tenir) la corde.

2. D'où est-ce que le train ____________ (venir) ? – D'Avignon.

3. Les jeunes ____________ (venir) à pied? – Non, à vélo.

4. Qu'est-ce que Pierre ____________ (faire) ? – Il ____________ (tenir) la porte[1] à sa mère.

5. Tu ____________ (venir) à vélo? – Non, à pied.

„Il faut" + Infinitiv; der Infinitiv nach „aimer"/„adorer"/„vouloir"/„pouvoir"

21 Fabien et Fabrice chez leurs grands-parents

II 3B

a) Ersetze die Imperative durch „il faut" / „il ne faut pas" + Infinitiv.

La liste de la mère de Fabien et Fabrice

Achetez le journal pour papi dimanche!

Mettez la table le soir!

Ne regardez pas la télé tout le temps!

Faites les courses pour mamie!

Allez au lit avant 10 heures!

Ne roulez pas trop vite avec vos planches à roulettes!

Préparez le petit déjeuner dimanche!

1. ____________
2. ____________
3. ____________
4. ____________
5. ____________
6. ____________
7. ____________

b) Übersetze. Verbinde dabei die Infinitive mit den korrekten Formen von „aimer", „vouloir", „pouvoir", „adorer".

1. Nathalie will mit Caroline ausgehen. ➡ ____________
2. Ich gehe gerne ans Meer. ➡ ____________
3. Kannst du um 9.00 h kommen? ➡ ____________
4. Wir fahren sehr gerne Skateboard. ➡ ____________

[1] **tenir la porte à qn** [tənirlapɔrt] jdm die Tür offen halten

Präsens und Passé composé der Verben auf „-ir“: „dormir“/„partir“/„sortir“

22 Tableau de conjugaison (2)

II 4A

a) Ergänze die richtigen Formen der Verben in der Liste.

		dormir	partir	sortir
présent	je			
	tu			
	il/elle/on			
	nous			
	vous			
	ils/elles			
passé composé	il			
	elle			

b) Setze die richtigen Verbformen ein.

1. Sandra et Fabrice ______________________ ensemble en Suisse.
   partir/passé composé
2. Nous ______________________ à Strasbourg cette année.
   partir/présent
3. Elle ______________________ hier après-midi.
   partir/passé composé
4. Tu ____________ bien ________________ ?
   dormir/passé composé
5. Je ______________________ toujours bien à la campagne.
   dormir/présent
6. Vous ____________ beaucoup ________________ , les filles! Ça va changer[1].
   sortir/passé composé
7. Nous ______________________ avec nos copains de Fontainebleau.
   sortir/passé composé

Infinitivkonstruktionen mit „de“: „avoir envie de faire qc“ / „avoir le temps de faire qc“

23 Qu'est-ce qu'on fait?

II 5B

a) Vervollständige die Sätze, indem du sagst, wozu Emilie, Nicole, Nathalie und Gamal Zeit ⊕ / keine Zeit ⊖ haben. Verbinde dabei die angegebenen Nomen mit den richtigen Verben und Artikeln/Präpositionen.

Emilie :	⊕ ordinateur / ⊖ courses
Nicole :	⊕ tennis / ⊖ VTT
Nathalie :	⊕ volley / ⊖ escalade
Gamal :	⊕ foot / ⊖ télé

jouer (4 x), faire (3 x), regarder (1 x)

l', la, les, au (3 x),du, de l', avec

[1]**changer** [ʃɑ̃ʒe] *hier:* sich ändern

1. Emile a le temps de ______________________________ , mais elle n'a pas le temps de ______________________________ .

2. Nicole ______________________________ , mais ______________________________ ______________________________ .

3. Nathalie ______________________________ , mais ______________________________ ______________________________ .

4. Gamal ______________________________ , mais ______________________________ ______________________________ .

b) Finde heraus, wozu Sophie, Vanessa, Valérie und Christine Lust haben. Du brauchst nur die Buchstaben in die richtige Reihenfolge zu bringen. Wähle anschließend eine Tätigkeit aus dem Kasten aus, zu der sie keine Lust haben.

- faire du cheval
- faire les courses
- apprendre l'allemand
- faire la queue

1. Sophie a envie d' ____________________ , mais elle n'a pas envie de ____________________ .
   ERLLA UA MÉICNA

2. Vanessa a envie de ____________________ , mais ____________________ .
   RMANEG NEU SSMUOE UA LTACHCOO

3. Valérie a envie d' ____________________ , mais ____________________ .
   RPPDAENER L'SAGALNI

4. Christine a envie de ____________________ , mais ____________________ .
   SSREAP SSE NACVCESA A AL MFREE

Die Verben „dire"/„lire"/„écrire"/„connaître"

24 Aimez-vous lire?

II 6A

a) Vervollständige die Sätze.

1. Je __________ (lire/présent) beaucoup de magazines, ma sœur __________ (lire/présent) surtout[1] des B.D.

2. Muriel ____________________ (écrire/passé composé) une lettre à sa correspondante allemande.

3. Le prof d'allemand ____________________ (écrire/présent) les phrases au tableau.

4. Qu'est-ce que tu ____________________ (dire/passé composé) ?

5. La prof de français __________ (dire/présent) aux élèves: ____________________ (lire/impératif) le texte et ____________________ (écrire/impératif) les phrases dans vos cahiers, s'il vous plaît!

6. Beaucoup de gens ____________________ (dire/présent) que l'escalade est un sport dangereux.

7. Tu ____________________ (lire/passé composé) la carte postale d'Olivier?

---

[1] **surtout** [syrtu] vor allem, besonders

b) Ergänze die Verbendungen und vervollständige die Sätze mit den entsprechenden Satzteilen aus a – g.

1. Tu conn______________ a) un peu la France; je suis déjà allé à Strasbourg.
2. Vous conn______________ b) le prof d'histoire de Pierre.
3. Il a conn______________ c) le père de Joffrey; ils l'ont encore vu hier[1].
4. Elle ne conn______________ pas d) bien la Suisse; mais nous ne sommes pas encore allés à Lausanne.
5. Nous conn______________ e) le film « Titanic », elle ne l'a pas vu.
6. Je conn______________ f) un bon restaurant italien?
7. Nathalie et Régis conn______________ g) la boîte « le bateau »?

Die Verben „savoir" und „devoir"

25 Vous devez le savoir …

II 6B

Suche alle Verbformen von „savoir" und „devoir" heraus (Präsens und Passé composé) und schreibe sie mit dem entsprechenden Pronomen in dein Heft. Die übrig gebliebenen Buchstaben ergeben einen Lösungssatz.

S	A	I	S	J	D	E	P	D	O	I	S
A	A	R	S	D	O	I	V	E	N	T	A
V	E	D	Û	N	I	V	A	V	C	A	V
O	N	S	A	I	T	C	E	E	S	E	E
N	N	U	A	R	D	È	C	Z	H	E	Z
S	A	V	E	N	T	D	E	V	O	N	S

Lösungssatz: ____

Die Verben „commencer" und „manger"

26 Dictée à deux

II 7A

Arbeitet zu zweit. Partner A setzt die entsprechenden Verbformen (1–5) ein und diktiert seinem Partner die Sätze 1–5. Anschließend diktiert B die Sätze 6–10, nachdem er/sie die Verbformen eingetragen hat. Kontrolliert eure Sätze am Ende gemeinsam.

1. Vous ______________ (commencer) à quelle heure?
2. Les cours ______________ (commencer) à huit heures.
3. Nous ______________ (commencer) à faire la cuisine.
4. Tu ______________ (manger) une glace?
5. ______________ (manger/impératif) tout!
6. Je ______________ (commencer) à faire la vaisselle.
7. ______________ (commencer/impératif) ce travail!
8. Sandra ______________ (commencer/passé composé) à lire le texte.
9. Vous ______________ (manger) à quelle heure?
10. Nous ______________ (manger) ton gâteau, mamie!

[1]**hier** [jɛr] gestern

Die Verben „boire“ und „préférer“

27 Qu’est-ce que tu préfères?

II 8B

Mache die folgende Übung mit einem Partner / einer Partnerin. Du (A) beginnst und stellst die erste Frage und dein Partner / deine Partnerin (B) antwortet darauf und stellt eine neue Frage, auf die du antwortest. Setzt die Übung auf diese Weise fort.

A

1. Qu’est-ce que tu ____________ (boire) le matin?
2. Mon père, il ____________ (boire) du thé, mais ma mère, elle ____________ (boire) du café.
   Et le soir, qu’est-ce que vous ____________ (boire) ?
3. Hier soir, ils ____________ (boire) un verre de vin.
   Dis-moi, qu’est-ce que tu ____________ (préférer) , les oranges ou les bananes?
4. Mes parents, en général[1], ils ____________ (préférer) rester à la maison.
   Je sais que ton père ____________ (préférer) rester à la maison , mais ta mère, elle fait beaucoup de sport, qu’est-ce qu’elle ____________ (préférer) comme sport?

B

1. Je ____________ (boire) du chocolat.
   Et tes parents, qu’est-ce qu’ils ____________ (boire) ?
2. Le soir, nous ____________ (boire) de la limonade et du jus de pommes.
   Tes parents, qu’est-ce qu’ils ____________ (boire) hier soir?
3. Moi, je ____________ (préférer) les bananes.
   Tes parents, ils ____________ (préférer) rester à la maison ou sortir?
4. Elle ____________________ (longtemps[2] jouer) au tennis, et maintenant elle ____________ (préférer) le jogging.

[1] **en général** [ɑ̃ʒeneral] in der Regel – [2] **longtemps** [lɔ̃tɑ̃] lange, lange Zeit

Die Verben „payer" und „envoyer" + Verben der Gruppe „finir"/„réfléchir"

28 Tableau de conjugaison (3)

II 9B

a) Suche die im Gitternetz versteckten 16 Formen von „payer", „envoyer", „finir" und „réfléchir" und füge sie in die unten stehende Verbtabelle ein. Die Wörter sind waagerecht, senkrecht, vorwärts und rückwärts versteckt.

b) Fülle anschließend die übrigen Lücken in der Verbtabelle aus.

„venir"/„tenir" ➤ Übung 20; „dormir"/„partir"/„sortir" ➤ Übung 22

T	N	E	I	A	P	E	O	Q	B	P	I	R	E	F	L	E	C	H	I	S
Q	S	G	T	I	K	J	V	X	Z	A	L	F	S	I	C	T	K	Z	B	I
T	U	Z	R	E	F	L	E	C	H	I	S	S	E	N	T	D	E	T	R	N
N	I	F	E	K	D	F	B	D	S	E	N	G	J	I	E	H	Y	D	P	I
E	B	E	F	L	I	C	W	E	N	V	O	I	E	S	B	R	V	R	A	F
I	S	D	L	A	G	M	V	N	H	T	Y	B	G	S	N	E	E	W	I	L
O	S	Z	E	Y	O	V	N	E	Y	Z	A	C	Y	E	I	O	V	N	E	M
V	A	E	C	F	N	P	B	Z	T	R	P	F	P	N	M	Z	L	B	S	N
N	L	S	H	B	N	K	L	S	P	Y	V	X	Z	T	I	N	I	F	N	P
E	M	F	I	N	I	S	S	O	N	S	C	H	G	R	Q	W	E	V	Y	A
T	J	S	T	X	H	R	U	P	Z	E	S	S	I	H	C	E	L	F	E	R

		payer	envoyer	finir	réfléchir
présent	**je**				
	tu				
	il/elle/on				
	nous				
	vous				
	ils/elles				
passé composé	**il/elle**				

c) Bei den folgenden Sätzen sind die Verben vertauscht worden. Bringe sie wieder an die richtige Stelle.

Korrekter Satz:

1. David a payé une lettre à Mme Pradel. ➡ ____________________
2. Annick et Marc ont réfléchi le texte. ➡ ____________________
3. Nathalie, tu as envoyé les bananes? ➡ ____________________
4. Isabelle a fini deux heures. ➡ ____________________

Das Imparfait: Bildung und Gebrauch

29 Vacances à la campagne

III 1A

Setze die Verben des folgenden Textes ins Imparfait. Bilde zunächst die 1. Person Plural des Präsens, schreibe die fehlenden Buchstaben in die linke Spalte der Tabelle und leite daraus die korrekten Imparfait-Formen ab.

1. L'été, Nathalie et Gaëlle vont souvent à la campagne pour rendre visite[1] à leurs grands-parents.
2. Elles prennent toujours le train et mettent trois heures pour arriver.
3. Quand les filles arrivent, le chien des grands-parents leur dit bonjour.
4. Elles y passent toujours une bonne semaine.
5. Il fait toujours beau temps et on peut nager à la piscine qui est dans le jardin.
6. Bref, ce sont des vacances très agréables.

Präsens		Imparfait
nous all ________	➠	elles ________
nous pre ________	➠	elles ________
nous me ________	➠	elles ________
nous arriv ________	➠	elles ________
nous di ________	➠	il ________
nous pass ________	➠	elles ________
nous fai ________	➠	il ________
nous pou ________	➠	on ________
⚠ nous ________ (être)	➠	elle ________
	➠	c' ________

Imparfait und Passé composé

30 Le dernier week-end chez la famille Gilbert

III 1B

Füge das passende Adverb aus dem Kasten in die vorgesehenen Lücken ein und setze anschließend die vorgegebenen Verben ins Passé composé oder Imparfait.

Passé composé mit „avoir" und „être"
➤ Übungen 16–19

1. ________ (Adverb), les Pradel ________ (rester) à la maison.
2. Ils ________ (regarder) ________ (Adverb) la télé.
3. ________ (Adverb), on ________ (sonner) à la porte. C' ________ (être) leurs amis.
4. ________ (Adverb), les Pradel ________ (sortir) avec leurs amis.
5. Ils ________ ((Adverb)/aller) au théâtre.
6. ________ (Adverb) ils ________ (manger) dans un bon restaurant italien.
7. Ils ________ (rentrer) à 2 h du matin. C' ________ (être) une exception[2].

d'abord
tout à coup
toujours
puis
ce soir-là
pendant les week-ends

[1] **rendre visite à qn** [rɑ̃drvizit] jdn besuchen – [2] **une exception** [ɛksɛpsjɔ̃] eine Ausnahme

Die reflexiven Verben

31 On se voit encore?

III 3A

Vervollständige die Sätze, indem du die reflexiven Verben angleichst.

1. Clémentine et Annick _______________ souvent.
   se voir
2. Ils _____________________ toujours bien.
   s'amuser
3. Je _____________________ Julien, et toi, tu _____________________ comment?
   s'appeler / s'appeler
4. Vous _____________________ au sport? – Oui, nous _____________________
   s'intéresser / s'intéresser
   au tennis et au foot.
5. Estelle et Sophie _____________________ toujours au café « Flore ».
   se retrouver
6. Je vais _____________________ au chef demain.
   se présenter
7. Il _____________________ régulièrement[1] à Fontainebleau.
   se promener
8. Maintenant, Hélène et Isabelle ne _____________________ plus.
   se voir

32 Tu t'es bien débrouillé(e)?

III 4A

Setze die Verben ins Passé composé.

1. Elle ____ à 7 h du matin.
   se lever
2. Nous ____ chez Annick.
   ne ... pas / bien s'amuser
3. Le chat ____ sous la table.
   se cacher
4. Je ____ avant minuit.
   ne ... pas / se coucher
5. Laurent et Valérie ____ dans
   se promener
   le quartier Montmartre.
6. Vous ____ à Paris?
   ne ... pas / se débrouiller bien
7. Tu ____ dans le miroir?
   se regarder

	-
	- e
	- s
	- es
	- s

[1] **régulièrement** [regyljɛrmɑ̃] regelmäßig

Die Verben „croire"/„recevoir"/„rire"/„vivre"

33 Connaissez-vous les formes des verbes?

III 4B

Arbeitet zu zweit. Fragt euch gegenseitig die Verbformen im Présent, Passé composé und Imparfait ab.
Wenn ihr Probleme habt, dann seht im Grammatischen Beiheft nach.

Beispiel: *Frage:* 2 d im Imparfait? *Antwort:* tu vivais

1 Laurent	6 je	a croire
2 tu	7 Olivier et Pascal	b recevoir
3 nous	8 ils	c rire
4 Nathalie et Sylvie	9 Isabelle	d vivre
5 vous	10 on	

Voilà Paris qui rit.

Die Verben „savoir" und „pouvoir"

34 Vous ne pouvez pas ou vous ne savez pas?

III 6B

a) Schreibe zuerst alle Formen von „pouvoir" und „savoir" in die Spalten.
b) Arbeitet danach zu zweit. Versetzt euch in die Rollen von David und Martine und übersetzt das Telefongespräch. Übertragt das Gespräch in euer Heft. Kontrolliert euch gegenseitig.

pouvoir	
je	______
tu	______
il/elle/on	______
nous	______
vous	______
ils/elles	______
il a	______

savoir	
je	______
tu	______
il/elle/on	______
nous	______
vous	______
ils/elles	______
elle a	______

Martine: Hallo?
David: Ja, hallo Martine. Hier ist David. Kannst du am Wochenende nach Fontainebleau kommen? Dort gibt es eine tolle Skateboardpiste. Kannst du Skateboard fahren?
Martine: Ein bisschen.
David: Hast du ein Skateboard?
Martine: Nein, aber ich kann das von meiner Schwester nehmen. Sie kann super fahren.
David: Prima! Dann können wir den ganzen Tag Skateboard fahren.
Martine: Das können wir leider nicht. Ich kann nur bis 16.00 Uhr bleiben.
David: In Fontainebleau kann man auch klettern. Kannst du klettern?
Martine: Nein, leider nicht. Aber ich kann es ja mal versuchen. Also, bis Samstag. Tschüs!
David: Tschüs, Martine.

Das Futur simple

35 Vous le ferez tout de suite?

IV 1A

Fülle die Spalten aus.

présent	infinitif	futur simple
1. Tu regardes la télé?	regarder	Non, je la ________________ plus tard.
2. Elles dansent maintenant?		Non, elles ________________ tout à l'heure.
3. Je te donne les billets pour le concert tout de suite?		Non, tu me les ________________ avant de partir.
4. Elle chante au début du spectacle?		Non, elle ________________ à la fin.
5. Vous apprenez votre leçon maintenant?		Non, nous l'________________ tout à l'heure.
6. Nous prenons un Perrier tout de suite?		Non, nous le ________________ plus tard.
7. Ils partent ce soir?		Non, ils ________________ demain matin.
8. Tu viens à la maison ce soir?		Non, je ________________ demain soir.
9. On part tout de suite?		Non, on ________________ plus tard.
10. Il va au stade maintenant?		Non, il y ________________ tout à l'heure.
11. Vous faites votre lit avant de partir?		Non, nous le ________________ tout à l'heure.

36 Une bonne fête

IV 1A

Setze in die Lücken die korrekten Futurformen.

1. David ________________ (avoir) 15 ans dans un mois. Ses camarades lui préparent une petite fête.

   Chacun écrit sur une feuille de papier ce qu'il ________________ (faire). Ils sont sûrs que David

   ________________ (être) heureux.

2. Laure ________________ (faire) des gâteaux; Antoine et Adrien ________________ (acheter) les boissons.

3. Patricia ________________ (écrire) un petit poème et Aïcha le ________________ (dire).

4. Tous ________________ (chanter) « Joyeux Anniversaire ». David les ________________ (remercier).

   Puis ils ________________ (danser) jusqu'à minuit.

5. Et qui ________________ (ranger) la maison?

Futur simple im realen Bedingungssatz mit „si" und im Temporalsatz mit „quand" ➤ Kap. 7.10
Conditionnel im irrealen Bedingungssatz mit „si" ➤ Kap. 7.11

Das Conditionnel

Das Conditionnel wird genauso gebildet wie das Futur simple; es unterscheidet sich davon nur durch die Endungen: *-rais, -rais, -rait, -rions, -riez, -raient.*

37 A ta place, je ...

IV 2A

Christophe erhält von Isabelle auf alles, was er sagt, Widerspruch. Übernimm die Rolle von Isabelle und sage, was sie anstelle von Christophe machen würde.

1. J'achète trois baguette . – A ta place, j'en ___achèterais___ quatre.
2. Je pars avec Pierre? – ..., je ne ______________ pas avec lui.
3. J'écris une lettre à Martine demain? – ..., je l'______________ tout de suite.
4. Je ne vais pas chez le docteur. – ..., j'y ______________.
5. Je n'ai pas encore fini mes devoirs. – ..., je les ______________ assez vite.
6. Je ne fais jamais mon lit. – ..., je le ______________ tous les matins.
7. Je n'ai pas encore appris le poème. – ..., je l'______________ ce soir.
8. J'ai déjà attendu un quart d'heure. – ..., j'______________ encore 5 minutes.
9. J'y mets aussi du fromage? – ..., je n'en ______________ pas.
10. Je n'ai pas envie d'ouvrir une autre bouteille. – ..., j'en ______________ une autre pour tes amis.

Der Subjonctif

38 En bref: les formes du « subjonctif »

IV M1

Vervollständige die Tabelle und ergänze den darunter stehenden Satz. Dann wird dir bei der Bildung des Subjonctif wohl kein Fehler mehr unterlaufen.

infinitif	présent	subjonctif		
montrer	ils montr	que je	montr	☐
		que tu	montr	☐☐
répondre	ils répond	qu'il/elle/on	répond	☐
dormir	ils dorm	que nous	dorm	☐☐☐☐
		que vous	dorm	☐☐☐
		qu'ils/elles	dorm	☐☐☐

Der Subjonctif wird gebildet, indem man an den Stamm der ____ P________ P________ P________ die S________-E________ anhängt;
diese sind -________, -________, -________, -________, -________, -________.

39 Grille de mots

IV M1

Suche in dem Buchstabengitter 16 unregelmäßige Subjonctif-Formen und schreibe sie unter Hinzufügung von „que“ + den entsprechenden Personalpronomen in dein Heft.

A	I	T	M	D	E	F	A	T	E	V	I	E	N	N	E
I	G	I	T	N	V	O	U	L	I	E	Z	B	D	O	F
L	H	O	L	B	E	U	F	N	M	U	U	I	A	Z	F
L	G	W	X	T	N	R	A	T	R	I	S	O	Y	E	Z
E	V	U	O	E	I	Y	S	O	A	L	L	I	O	N	S
S	A	C	H	I	O	N	S	G	H	L	D	L	N	U	O
Z	O	H	D	E	N	X	I	F	L	E	E	L	S	Z	I
O	P	U	I	S	S	E	O	N	S	S	A	C	H	E	S
B	I	G	A	H	T	O	N	P	U	I	S	S	I	E	Z
D	R	F	A	S	S	E	S	R	T	U	B	A	C	E	F

40 Pour que tu réussisses[1]!

IV M1

Setze die Verben in den Subjonctif.

Nach den unterstrichenen Ausdrücken steht immer der Subjonctif.

1. Je voudrais que mes copains ________________ (être) heureux et ________________ (voir) la vie en rose.
2. Nous aimerions que nos parents ________________ (pouvoir) faire de beaux voyages.
3. Il est important que tu ________________ (savoir) parler français.
4. Je trouve bien qu'ils ________________ (faire) des séjours à l'étranger, mais je crains toujours qu'ils ________________ (avoir) un accident quand ils prennent la voiture.
5. Pour que la fête ________________ (être) réussie[2], il faut que tout le monde ________________ (faire) quelque chose.
6. Je regrette que tu ne ________________ (vouloir) pas nous aider à préparer la fête.
7. Nous sommes très contents que vous ________________ (aller) à la réunion.
8. Il vaut mieux que tout le monde ________________ (venir).

[1] **réussir** [reysir] Erfolg haben, gelingen – [2] **réussi,e** [reysi] gelungen, erfolgreich

Die Veränderlichkeit des Participe passé beim Passé composé mit „avoir"

41 L'accord du participe passé avec « avoir » … où et quand?

IV M2

a) Lies die folgenden Sätze und schau dir die Passé composé-Formen an. Was fällt dir auf?

1. Patrick a écrit une lettre à sa mère. Il ne la trouve plus. Il demande à sa sœur: « Où est la lettre que j'ai écrite à maman? »
2. Tu as trouvé les oranges ? – Oui, je les ai trouvées, et puis je les ai mangées.

b) Setze die Verben ins Passé composé. Achte darauf, ob die Participe passé-Formen angeglichen werden müssen oder nicht.

1. Tu ____________ déjà ____________ (faire) tes devoirs? – Non, je ne les ____________ pas encore ____________ (faire), mais je commencerai dans cinq minutes.

2. Est-ce que vous ____________ (comprendre) tous les dialogues de cette pièce de théâtre? – Non, je n'____________ presque rien ____________ (comprendre).

3. Tu peux me prêter[1] ta K 7 de Britney Spears? – J'aimerais bien, mais je l'____________ (donner) à Isabelle.

4. Où sont les CD que nous ____________ (acheter) hier? – Je les ____________ (mettre) sur l'étagère.

5. Tu ____________ (trouver) les boissons? – Oui, j'____________ (regarder) dans le frigo et je les ____________ toutes ____________ (boire).

Infinitivanschlüsse mit „à"/„de" und ohne Präposition

42 Qu'est-ce qui va ensemble?

IV M3

Suche für die Ausdrücke im linken Kasten die passende Übersetzung im rechten Kasten und füge, falls erforderlich, die korrekte Präposition hinzu. Schreibe die Lösung in dein Heft; Beispiel: 2g + „à" …

13. s'amuser (?) faire qc	m) gerade etw. getan haben
9. venir (?) faire qc	l) das Recht haben etw. zu tun
11. s'intéresser (?) faire qc	c) etw. tun können
1. aimer mieux (?) faire qc	j) aufhören etw. zu tun
15. espérer (?) faire qc	n) man muss etw. tun
3. finir (?) faire qc	p) verbieten etw. zu tun
7. inviter (?) faire qc	e) sich dafür interessieren etw. zu tun
12. essayer (?) faire qc	a) träumen etw. zu tun
10. préférer (?) faire qc	f) versuchen etw. zu tun
6. interdire (?) faire qc	i) die Zeit haben etw. zu tun
14. avoir le temps (?) faire qc	g) lernen etw. zu tun
2. apprendre (?) faire qc	b) einladen etw. zu tun
5. il faut (?) faire qc	o) etw. lieber tun
16. avoir le droit (?) faire qc	h) Spaß haben etw. zu tun
8. savoir (?) faire qc	k) hoffen etw. zu tun
4. rêver (?) faire qc	d) vorziehen etw. zu tun

[1] **prêter qc à qn** [pʀete] jdm etw. leihen

43 « de » ou rien?

IV M3

Vervollständige.

1. Yannick adore _____ prendre le train et aime _____ traverser la France en TGV.
2. Cette année, il a demandé à son ami Stéphane _____ l'accompagner.
3. Ensemble, ils vont _____ visiter les châteaux de la Loire, puis aller _____ applaudir leurs chanteurs préférés aux Francofolies de La Rochelle.
4. Stéphane propose _____ prendre une carte de réduction de la SNCF[1]. Ainsi, ils pourront _____ voyager à moitié prix[2].
5. Yannick aime _____ dormir sous la tente et Stéphane déteste ça. Alors que vont-ils _____ faire?

44 « *à* », « *de* » ou rien?

IV M3

Vervollständige.

a) 1. Il a commencé _____ pleuvoir ce matin et nous n'avons pas oublié _____ prendre notre parapluie[3].

2. Fabien m'a proposé _____ aller au cinéma cet après-midi et _____ manger une glace.

3. Comme je déteste _____ rester à la maison le dimanche, j'ai accepté _____ aller _____ voir un vieux film avec lui.

b) 1. En février, la Famille Chevalier veut _____ partir à la montagne.

2. Elle doit _____ penser _____ faire des économies[4] et les enfants vont _____ travailler.

3. En juin, Simone a aidé son petit voisin, Boule, _____ faire ses devoirs, elle continuera _____ le faire deux fois par semaine.

4. Et Julien, lui, a proposé _____ faire les courses pour la voisine.

5. Il ira aussi avec elle à la banque _____ chercher de l'argent. Elle a toujours peur _____ se faire _____ voler ses économies[5]. Et en plus[6], elle est si gentille[7] qu'il a envie _____ l'aider.

---

[1]**la S(ociété)N(nationale des)C(chemins de fer)F(rançais)** [ɛsɛnseɛf] *Name der französischen Eisenbahngesellschaft* – [2]**à moitié prix** [mwatjepri] zum halben Preis – [3]**un parapluie** [paraplɥi] ein Regenschirm – [4]**faire des économies** [fɛrdezekɔnɔmi] *f* sparen – [5]**les économies** [ekɔnɔmi] *f* die Ersparnisse – [6]**en plus** [ɛ̃plys] außerdem – [7]**gentil,le** [gɑ̃ti, ij] nett

Das Passé simple

45 Passé pas si simple

IV M5

a) Lies den Text und unterstreiche die Verben im Passé simple.
b) Schreibe die Verbformen in die rechten Spalten nach dem angegebenen Muster.
c) Erinnere dich, wo das Passé simple fast ausschließlich verwendet wird.
Mit der Funktion welcher anderen Verbform ist das Passé simple verwandt?
d) Welches Ereignis wird in dem Text beschrieben?

1. Un jour de 1999, vers midi et demi, la lune donna rendez-vous au soleil sur la grand-place du Château.
2. Elle envoya une invitation à tous les journaux du monde qui répondirent: «Oui, nous viendrons photographier l'événement.»
3. Mais le soleil qui voulait la lune pour lui tout seul se mit en colère[1] et promit de brûler les yeux de ceux qui les regarderaient.
4. Alors on inventa[2] des lunettes[3] et on les vendit.
5. Et la lune continua à envoyer des invitations.
6. Elle écrivit à toutes les chaînes de télé[4] du monde entier.
7. Elle fut interviewée, elle alla d'une émission de télé à l'autre.
8. On ne parlait que[5] d'elle et de son rendez-vous avec le soleil, elle fit même une révélation[6] aux tout petits enfants. «Vous pourrez vivre notre deuxième rendez-vous dans 82 ans.»
9. Aline, qui avait raté le rendez-vous de l'année 1961 à cause d'un devoir de mathématiques, se prépara à vivre l'événement.
10. Et elle y assita[7].
11. Il faisait nuit à midi, mais elle ne vit pas le rendez-vous.
12. Le soleil vint, mais il tira un rideau d'épais nuages[8] et personne sur la place du Château ne les vit se rencontrer. Seuls quelques fous avec leurs grandes lunettes et leurs caméras purent filmer cette rencontre unique.

Infinitiv	Passé simple
donner	elle donna

[1]**se mettre en colère** [s(ə)mɛtrɛ̃kɔlɛr] wütend werden – [2]**inventer** [ɛ̃wɑ̃te] erfinden – [3]**des lunettes** [lynɛt] *f* eine Brille – [4]**une chaîne de télé** [ʃɛndətele] ein Fernsehsender – [5]**ne...que** [nə ... kə] nur – [6]**faire une révélation à qn** [fɛrynrevelasjɔ̃] jdm ein Geheimnis verraten – [7]**assister à qc** [asiste] etw. erleben, einer Sache beiwohnen – [8]**tirer un rideau d'épais nuages** [tireɛ̃ridodepɛnɥaʒ] *hier:* dichte Wolken aufziehen lassen

46 Connaissez-vous Marie Dégatot?

IV M5

Lies die Geschichte und schreibe die Verbformen in die rechten Spalten nach dem angegebenen Muster.

1. Marie vint au monde un jour de printemps.	vint	est venue	venir
2. Son père donna une grande fête.			
Il invita tous les hommes et toutes les femmes et les			
réunit sur la place de son petit village.			
3. Il y eut un défilé.			
4. L'orchestre de l'école joua les derniers tubes[1] de			
l'année et le café de l'église offrit le champagne.			
5. Le pâtissier[2] fit des gâteaux, les			
donna aux enfants, mais il les			
vendit à ceux qui avaient mal aux dents.			
6. Alors, les vieux et les vieilles se mirent à crier:			
«Marie, Marie, des gâteaux, des gâteaux». Marie,			
des gâteaux! … Et ce nom lui resta.			

Participe présent und Gérondif

47 J'ai vu …

IV M6

Ersetze die Relativsätze durch das Participe présent.
Beispiel: J'ai vu un chien qui courait le long de[3] la rivière. ➡ J'ai vu un chien courant le long de la rivière.

1. J'ai vu un chien qui volait[4] au-dessus de l'eau. ➡ ____________________
2. J'ai vu un chat qui dansait sur le toit. ➡ ____________________
3. J'ai vu un singe[5] qui dessinait un paysage[6] magnifique. ➡ ____________________
4. J'ai vu un poisson qui mangeait une étoile de mer. ➡ ____________________
5. J'ai vu un éléphant qui portait un costume vert. ➡ ____________________
6. J'ai écouté les enfants qui jouaient de la guitare. ➡ ____________________
7. J'ai écouté les animaux de la forêt qui donnaient un concert. ➡ ____________________
8. J'ai suivi les gens qui montaient sur la colline. ➡ ____________________
9. J'ai regardé mes amis qui sautaient du haut du pont. ➡ ____________________
10. J'ai trouvé mes enfants qui jouaient dans la forêt. ➡ ____________________

[1]**un tube** [tyb] *fam* ein Hit – [2]**le pâtissier** [patisje] der Konditor – [3]**le long de qc** [ləlɔ̃də] entlang von etw. – [4]**voler** [vole] fliegen – [5]**un singe** [sɛ̃ʒ] ein Affe – [6]**un paysage** [peizaʒ] eine Landschaft

48 Faits divers[1]

IV M6

a) Lies die folgenden Zeitungsmeldungen.
b) Ersetze die Participe présent-Formen durch einen Nebensatz mit „comme“ oder durch einen Relativsatz mit „qui“ und schreibe die Sätze in dein Heft.

Devenez chanteur/euse ! Le studio « Mega Star » proposant un bon contrat recherche chanteur/chanteuse.

Demandant la création d'un parc national, les Verts ont organisé une manifestation devant l'Hôtel de Ville.

Jeune Française apprenant l'allemand depuis 4 ans cherche un job au pair en Allemagne.

N'ayant pas fait attention, une vieille dame a causé[2] un accident sur l'autoroute A6.

Chantant devant un grand public, la jeune Patricia du collège Henri IV était très nerveuse.

L'équipe française ayant très bien joué, a gagné contre l'Angleterre.

49 Quand j'étais petit(e) …

IV M6

a) Verkürze die folgenden Sätze, indem du die fett gedruckten Satzteile durch das Gérondif ersetzt.
b) Übersetze anschließend die Sätze und schreibe sie in dein Heft. Lies dir vorher die Übersetzungsmöglichkeiten von Gérondif-Formen in deinem Grammatischen Beiheft, S. 30 durch.

1. Quand j'étais petite fille / petit garçon
   - j'apprenais mes leçons **et je chantais**. ______________________
   - je faisais mes devoirs **pendant que j'écoutais la radio**. ______________________
   - j'allais à l'école **et je courais**. ______________________
2. Quand mon père était petit garçon,
   - il allait à l'école **et il sifflait**[3]. ______________________
   - il suivait la rivière **et il regardait les poissons**. ______________________
   - il lisait le journal **pendant qu'il buvait une tasse de café**. ______________________

[1]**les faits divers** [fɛdivɛr] Lokalnachrichten; Verschiedenes – [2]**causer** [koze] verursachen – [3]**siffler** [sifle] pfeifen, flöten

Das Plus-que-parfait

50 C'était l'an dernier … IV M7

a) Vergewissere dich zunächst, dass du die Bildung des Plus-que-parfait beherrschst. Vervollständige deshalb die folgenden Sätze (die Buchstaben unter der Linie werden dir bei der Suche nach den Wörtern helfen):

☞ Das *plus-que-parfait* wird mit dem ______________ (pitimaraf) von ______________ bzw. ______________ und dem ______________ (cpirpaeti) ______________ (éspsa) gebildet. Für die Veränderlichkeit und die Wahl der Hilfsverben gelten die gleichen Regeln wie beim ______________ (épssa) ______________ (écpomso).

Bei der Verneinung des *plus-que-parfait* umschließen ______________ … ______________ (spa) die Form von ______________ bzw. ______________.

b) Imparfait – Passé composé – Plus-que-parfait? Setze die korrekten Verbformen ein.

1. C'était l'an dernier. Comme il ______________ (pleuvoir), elle ______________ (prendre) le parapluie[1] qu'elle ______________ (acheter) dans un grand magasin. Elle l'______________ (ouvrir) et ______________ (aller) faire quelques courses.
2. Quand elle ______________ (rentrer), sa fille ______________ (déjà préparer) le repas du soir.
3. Le téléphone ______________ (sonner). C'______________ (être) son mari. Il ______________ (rater) son train et ______________ (ne pas pouvoir) être là avant 23 heures.
4. Elle ______________ (mettre) la table pour toute la famille; mais maintenant, elle ______________ (être) seule avec sa fille. Elle ______________ (boire) un verre d'eau minérale et ______________ (regarder) la télé avec sa fille.
5. Elle ______________ (ne pas aimer) attendre, elle ______________ (espérer) passer la soirée en famille.
6. Quand son mari ______________ (rentrer), elles ______________ (tout manger). Elle ______________ (offrir) un apéritif à son mari et il lui ______________ (raconter) sa journée.
7. Il ______________ (arriver) en retard à la gare parce qu'il ______________ (rencontrer) un copain. Ils ______________ (aller) boire un pot[2] ensemble et il ______________ (oublier) l'heure.

---

[1] **un parapluie** [paraplɥi] ein Regenschirm – [2] **aller boire un pot** [alebwarε̃po] *fam* einen trinken gehen

Infinitivkonstruktionen mit „avant de faire qc" und „après avoir fait qc"

51 Avant ou après?

IV M9

Verkürze die Sätze nach dem vorgegebenen Beispiel.

Tu fais tes valises et puis tu pars en vacances. ➡ Avant de partir en vacances, tu fais tes valises.
➡ Après avoir fait tes valises, tu pars en vacances.

1. Tu fermes la porte et puis tu vas te coucher. ➡ ______________________
➡ ______________________

2. Je mets mon manteau et puis je sors. ➡ ______________________
➡ ______________________

3. On achète des fleurs et puis on va chez nos amis. ➡ ______________________
➡ ______________________

4. Il regarde le programme, puis il va au cinéma. ➡ ______________________
➡ ______________________

5. Tu lis le menu et puis tu commandes le repas. ➡ ______________________
➡ ______________________

6. Elles lisent le journal, puis elles le jettent. ➡ ______________________
➡ ______________________

7. Ils promènent[1] le chien, puis ils se couchent. ➡ ______________________
➡ ______________________

8. Nous apprenons nos leçons et puis nous faisons du sport. ➡ ______________________
➡ ______________________

9. Vous lavez les fruits, puis vous les mangez. ➡ ______________________
➡ ______________________

10. Ils se douchent, puis ils s'habillent. ➡ ______________________
➡ ______________________

[1] **promener qn** [prɔm(ə)ne] jdn spazieren führen

Die unregelmäßigen Verben „apparaître"/„souffrir" und „s'asseoir"

52 Encore des verbes irréguliers.

IV M10

a) Setze die Infinitive in die korrekte Verbform.

1. Le 11 août 1999, le soleil ______________________ (disparaître) derrière la lune et les Européens ont connu minuit à midi.

   Le soleil ______________________ (disparaître) à nouveau derrière la lune en 2081.

2. Tout ______________________ (paraître) facile avec toi, mais si tu ______________________ (disparaître),

   tout me ______________________ (paraître) triste.

3. Les étoiles ______________________ (apparaître) et ______________________ (disparaître) et on n'a pas le temps de les connaître.

b) Setze in die Lücke die korrekte Verbform von „souffrir".

1. Tu ______________________ et tu ne veux pas souffrir.
2. On souffre à regarder ceux qui ______________________.
3. Hier, on ______________________ à regarder ceux qui souffraient.
4. Demain, on ______________________ toujours à regarder ceux qui souffrent. Et rien ne changera.

c) Setze die passende Verbform von „s'asseoir" ein.

1. Tous les jours je ______________________ près de toi. Longtemps je ______________________ près de toi.
2. Longtemps encore je ______________________ près de toi, dit la mère à son fils, et plus tard tu pourras dire

   à tes fils: Tous les jours elle ______________________ près de moi, et moi à mon tour,

   je ______________________ près de vous.

Das Adverb: Formen – Stellung – Vergleich

Ursprüngliche und abgeleitete Adverbien

1 C'est vite fait.

III 7A

Lies die Sätze und ergänze die Lücken mit den folgenden Adverbien.

alors – beaucoup – bien – enfin – longtemps – peu – souvent – tard – tôt – très – trop – toujours – vite

1. Hier soir, elle a regardé la télé pendant ______________; aujourd'hui, elle est ______________ fatiguée.
2. Notre prof nous a ______________ expliqué le texte; on a ______________ compris.
3. Mon père travaille ______________; il devrait partir en vacances.
4. Samedi dernier, nous nous sommes levés ______________ et couchés ______________.
5. Mon frère mange ______________ la même chose: un bifteck haché et des frites.
6. Comme elle travaille ______________, elle a ______________ de temps pour sa famille.

   ______________, ses enfants sont ______________ tristes.
7. On peut commencer à jouer. Il est ______________ arrivé.

2 C'est vraiment pas difficile!

III 7A

a) Vergewissere dich zunächst, wie die abgeleiteten Adverbien gebildet werden. Wenn du den folgenden Satz vervollständigt hast, wirst du bei der Übung keine Schwierigkeiten haben:

☞ Um das Adverb zu bilden, musst du an die ______________ Form des Adjektivs die Endung ______________ anfügen; dasselbe gilt für Adjektive, bei denen kein Unterschied zwischen ______________ und ______________ Form besteht.

b) Bilde aus den Adjektiven Adverbien und schreibe die Buchstaben in die vorgegebenen Kästchen.
c) Vervollständige mit den Buchstaben der nummerierten Kästchen den unten stehenden Satz.

1. heureux ➠ ☐☐☐☐☐☐☐☐☐☐☐☐
2. logique ➠ [1]☐☐☐☐☐☐☐☐☐☐☐
3. normale ➠ ☐☐[8]☐[2]☐☐☐☐☐☐
4. pratique ➠ ☐☐☐☐☐☐☐☐☐☐☐☐
5. dangereux ➠ [3]☐☐☐☐☐☐[4]☐☐☐☐☐☐
6. difficile ➠ ☐☐☐☐☐[5]☐☐☐☐☐☐☐
7. long ➠ ☐☐☐☐☐[9]☐☐☐☐
8. malheureux ➠ ☐☐☐[6]☐☐☐[7]☐☐☐☐☐☐☐

[1][2] [3][4][5][6][7][8][9], ce n'est pas le paradis!

3 Heureusement, ce n'est pas difficile.

III 7A

Bilde aus den vorgegebenen Elementen einen Satz. Anstelle des Fragezeichens musst du ein Adverb einfügen, das du aus dem passenden Adjektiv in dem Kasten ableitest.

direct
pratique
normal
rapide
correct
dangereux

1. ____
   Il / vivre / ?

2. ____
   En été / il / faire / ? / chaud

3. ____
   Vous / faire / les devoirs / ? / s'il vous plaît!

4. ____
   Ce train / aller / ? / à Marseille

5. ____
   Ma secrétaire / travailler / ?

6. ____
   Mélanie / travailler / ? / sans arrêt[1]

Das Adjektiv „bon" und das Adverb „bien"

4 « Bon » ou « bien », c'est la question.

III 7A

a) „Gut" kann im Französischen „bon" oder „bien" heißen. Um das korrekte Wort zu verwenden, musst du wissen, worauf es sich bezieht. Ergänze daher folgenden Satz:

☞ *Bon* bezieht sich auf ein ______________, *bien* bezieht sich auf ein ______________.

b) Schau dir die folgenden Sätze genau an und setze entweder die richtige Form des Adjektivs „bon" oder das Adverb „bien" ein.

1. Sandra est une très ______________ copine. On s'entend[2] ______________.
2. Elle fait ______________ la cuisine. Ses repas sont toujours ______________.
3. Hier au cinéma, il y avait un ______________ film avec Julia Roberts. Elle jouait très ______________.
4. En allemand, j'ai eu des ______________ notes.
5. « L'éléphant rose » est un ______________ restaurant à Paris où on mange très ______________.
6. On va en boîte ce soir? – Oui, super! C'est une ______________ idée.

---

[1]**sans arrêt** [sɑ̃zaʀɛ] ohne Unterlass – [2]**s'entendre (avec qn)** [sɑ̃tɑ̃dʀ] sich (mit jdm) verstehen

5 Vivre à Paris où à la campagne?

III 8A

a) Vergleiche das Leben in Paris mit dem Leben auf dem Land und gib deine Meinung dazu ab. Verwende « plus ... que / moins ... que / aussi ... que ».
b) Teile anschließend deinem Partner / deiner Partnerin deine Meinung mit und frage ihn/sie nach seiner/ihrer Meinung.

1. Les magasins ferment tard.	1. A Paris, les magasins ferment plus tard qu'à la campagne.
2. On trouve vite des amis.	2. ______________________
3. Les voitures roulent rapidement.	3. ______________________
4. Les gens vivent calmement.	4. ______________________
5. Les jeunes trouvent facilement du travail.	5. ______________________
6. On trouve difficilement un logement.	6. ______________________
7. On vit dangereusement.	7. ______________________
8. Les gens travaillent longtemps.	8. ______________________
9. On va souvent au restaurant.	9. ______________________

c) Warst du schon einmal in Paris oder einer anderen europäischen Hauptstadt? Wenn ja, dann vergleiche deine Beobachtungen mit dem Ort, in dem du lebst.

6 Toujours des questions

III 8A

Antworte auf die Fragen, indem du den Superlativ der angegebenen Adverbien verwendest.

tard – souvent – longtemps – tôt – sérieusement

1. Tu as bien rangé ta chambre? – Je l'ai fait ______________________ possible.
2. Quand est-ce que tu t'es levé ce matin? – Je me suis levé ______________________ possible; c'est pour ça que j'ai raté le bus.

3. Tu es fatigué aujourd'hui? – Oui, hier soir je voulais me coucher ______________________________

possible, mais j'avais des amis chez moi.

4. Vous n'avez pas regardé la télé hier soir? – Nous la regardons ______________________________

possible, mais hier nous sommes sortis.

5. Pourquoi est-ce que tu n'es pas allé me chercher au bureau? – J'ai attendu ______________________

______________ possible, mais après une heure d'attente je suis rentré seul chez moi.

Das Adverb „bien": die Steigerung und der Vergleich

7 Qui est le meilleur?

III 8B

Vergleiche die Noten von Michel, Céline und Nicolas. Verwende dabei die korrekte Steigerungsform von „bon" oder „bien".

les notes	Michel	Céline	Nicolas
1. en maths:	15/20	17/20	16/20
2. en géo:	19/20	10/20	11/20
3. en anglais:	18/20	18/20	12/20
4. en français:	17/20	20/20	17/20

1. Michel a bien travaillé en maths, mais Nicolas est ____________________ que Michel.

   C'est Céline qui a travaillé ____________________; elle est ____________________ des trois en maths.

2. Michel a très bien travaillé en géo. Nicolas a travaillé ____________________ que Michel, mais c'est Céline

   qui a travaillé ____________________.

3. En anglais, Michel a travaillé ____________________ que Céline.

   Nicolas a travaillé ____________________ que les deux autres. Il a travaillé ____________________.

4. En français, c'est Céline qui a travaillé ____________________ . Elle est ____________________ dans

   cette matière. Elle apprend ____________________ que les deux garçons. Nicolas a travaillé

   ____________________ que Michel.

Die Steigerung des Adjektivs „bon" ➤ Kapitel 2.8

Die Präpositionen

Unterschiedliche Präpositionen

1 A Fontainebleau, chez Annick.

I 7A

Vervollständige die Sätze mit Hilfe der folgenden Präpositionen.

de – à – près de – devant – à – derrière – d' – à – chez – sur – à – chez – à – avec – sous – à – pour – avec – par – à – sans – dans – dans – avec

1. Vous êtes ____________ où? – Je suis ____________ Fontainebleau.
2. Albi, c'est où? – C'est ____________ Toulouse.
3. Annick et Alain sont ____________ qui? – Ils sont ____________ Eric et Valérie.
4. Où sont les chaussures? – Elles sont ____________ le sac.
5. Victor est ____________ la chaise? – Non, il se cache ____________ la table.
6. ____________ Fontainebleau, il y a un château. ____________ le château, il y a un musée.
7. Muriel n'est pas ____________ la maison. Elle est ____________ Annick et Alain.
8. Les Bernot sont ____________ table. Ils prennent un dessert.
9. La glace, c'est ____________ moi? Oh! Merci, Annick.
10. Que fait le fantôme ____________ minuit?
11. Tu aimes les frites? – Oui, mais pas ____________ ketchup.
12. Il est où, ton frère? – Dans la salle de séjour, ____________ la télé.
13. Et ____________ ça? – Trois tomates, s'il vous plaît.
14. C'est ____________ qui, maintenant? – C'est ____________ moi.
15. Pardon, Monsieur, le train de Toulouse arrive quand? ____________ 13 heures 15.
16. Vous passez ____________ Alain? – Non, il n'est pas là.
17. Annick regarde ____________ la fenêtre. Nathalie n'est pas encore là.
18. Où est Pierre? – Il est ____________ la maison.

Infinitivanschlüsse mit „à", „de" und ohne Präposition ➤ Kapitel 4.23; 42–44

Die Präposition „à"

2 La machine à phrases

a) Mit welchen Artikeln verschmilzt „à" zu „au"/„aux"?
b) Bilde aus den vorgegebenen Elementen und einem beliebigen Nomen sinnvolle Sätze und schreibe sie in dein Heft. Beispiel: faire les courses – à – le marché ➠ Nathalie fait les courses au marché.

① faire les courses / acheter des baguettes	à	la boulangerie l'épicerie[1] le supermarché « Miniprix »
② téléphoner	à	mon amie allemande des copains les profs Gamal Mme Bernot Isabelle une copine
③ aller	à	la piscine le cinéma un concert les Champs-Elysées[2] l'Opéra Bastille Albi
④ proposer un goûter / montrer son ordinateur / apporter des glaces	à	des copains Florence les élèves M. et Mme Morel Eric

3 Code secret

Versuche, die Geheimbotschaft von Muriel zu entschlüsseln.

Muriels Geheimbotschaft

1. a ❍ B
2. d ❑ D
3. c ✫ A
4. e ∆ E
5. b ◊ C

a = CROETNA	❍ = une EITSHORI	A = à AALGM.
b = EOPPORS	✫ = au IVRERO	B = à DNSEARIN.
c = ITD	∆ = des TCSTESESA	C = à Mme RCLIEA.
d = TEMNRO	❑ = des SHPOOT	D = à RMCA.
e = PAPEORT	◊ = un UORETG	E = à IPRERE et VDIDA.

1. Mme Deval ______________________
2. Philippe ______________________
3. Caroline ______________________
4. M. Blanchet ______________________
5. Stéphanie ______________________

[1] **une épicerie** [episri] Lebensmittelgeschäft – [2] **les Champs-Elysées** [ʃɑ̃zelize] *Prachtstraße in Paris*

Die Präposition „de"

4 Le chien d'Annick

I 9A

a) Finde aus den vorgegebenen Elementen (A–P) die passenden Ergänzungen für die Sätze 1–8 und trage sie in die entsprechende Linie ein. Schreibe die Buchstaben in die vorgesehenen Kästchen.
b) Mache eine Kopie dieser Seite und schneide die Puzzleteile aus. Lege sie so zusammen, dass du aus den Puzzleteilen mit den Buchstaben der Sätze 1–8 ein berühmtes Gebäude in Paris erhältst. Um welches Gebäude handelt es sich?

A Marseille – B collège – C parents d'Anne – D Régis – E forêt – F ami de Florence – G Clio
H Paris – I Bruxelles – J Napoléon – K Avignon – L film super – M Annick
N famille Legrand – O gare d'Austerlitz – P Bonaparte

1. Il parle **de l'** ______________________ .
2. Elle prend une photo **du** ______________________ .
3. C'est la voiture **de la** ______________________ .
4. Ah, voilà le chien **de** ______________________ .
5. Nous montrons les photos **d'** ______________________ .
6. C'est la maison **des** ______________________ .
7. Florence parle **d'un** ______________________ .
8. Victor est le chien **d'** ______________________ .

Der Satz: Arten – Formen – Wortstellung

Verschiedene Frageformen

1 Des questions, des questions, des questions

I 4B

a) Stelle die Frage nach dem unterstrichenen Satzteil.

Beispiel: Il y a un jean sur le lit. ➠ Qu'est-ce qu'il y a sur le lit?

1. C'est <u>un ordinateur</u>. ➠ ____________________
2. Sur la table, il y a <u>des fruits</u>. ➠ ____________________
3. Oui, <u>c'est la mère de Muriel</u>. ➠ ____________________
4. <u>C'est Mme Bernot</u>. ➠ ____________________
5. Chantal cherche <u>une chaussure</u>. ➠ ____________________
6. Annick aime <u>les artichauts</u>. ➠ ____________________

b) Suche die passende Frage.

1. ____________________ – C'est un pull.
2. ____________________ – Dans le sac, il y a un magazine.
3. ____________________ – Ça va bien, merci.
4. ____________________ – Je m'appelle Patricia.
5. ____________________ – Je suis de Paris.
6. ____________________ – Les chaussures sont sous la chaise.
7. ____________________ – C'est une BD.
8. ____________________ – Fontainebleau est près de Paris.
9. ____________________ – Oui, Florence est là.
10. ____________________ – Sur la table, il y a des fruits.
11. ____________________ – Oui, il y a un ordinateur dans la chambre.

____

Fragen mit „Qu'est-ce que ... ?" und „Que ... ?"

2 Que fait Frédéric?

I 4B

Stelle Fragen und antworte darauf nach folgendem Beispiel:

Frédéric – préparer des biftecks (faire)
Fréderic, qu'est-ce que tu fais? – Je prépare des biftecks.
Que fait Frédéric? – Il prépare des biftecks.

> ☞ **Merke:**
> Statt
> *Qu'est-ce que ...?*
> einfach nur
> *Que ...?*
> bei *faire* und *dire*.
> ⇓
> *Que fait/dit?* } + Namen oder Nomen
> *Que font/disent?*

1. Caroline et Valérie – regarder la télé (faire)

2. Grand-père – chercher le chien (faire)

3. Régis – taper la lettre[1] sur l'ordinateur (dire)
   Régis? — Tape
   il dit?

4. M. Bernot – préparer des frites (faire)

5. Florence et Nathalie – écouter une chanson (faire)

6. Sylvie – préparer le dessert (dire)
   Sylvie? — Prépare
   elle dit?

7. Grand-père et grand-mère – regarder un magazine (faire)

[1] **une lettre** [lɛtr] ein Brief

Fragen mit einem Fragewort und „est-ce que"

3 Le week-end de Véronique

I 7B

Finde das passende Fragewort und stelle Fragen mit „est-ce que". Die unterstrichenen Satzteile helfen dir dabei, das richtige Fragewort zu finden.

1. ______________________________ ? Véronique habite à Nancy.
2. ______________________________ ? Le samedi, elle va en boîte[1].
3. ______________________________ ? Véronique danse parce qu'elle aime la musique de la boîte.
4. ______________________________ ? Ce week-end, elle va chez sa copine Amélie.
5. ______________________________ ? Amélie fait une boum, parce que c'est son anniversaire[2].
6. ______________________________ ? Véronique rentre chez elle le dimanche soir.

Das direkte und das indirekte Objekt

4 Le bon ordre[3]

I 8B

Bringe die Satzteile in die richtige Reihenfolge. Achte auf die Angleichung der Verben.

1. deux croissants / la dame / à Annick / donner ______________________________.
2. téléphoner / Valérie / à son amie ______________________________.
3. Pascal et son copain / des BD / à Caroline / apporter ______________________________.
4. à Valérie / Mme Deval / des photos / montrer ______________________________.

Die Verneinung mit „ne ... pas"

5 A la boum de David

I 7A

Vervollständige Carolines Antworten.

Philippe:	*Caroline:*
1. Caroline, tu danses avec moi?	– Non, je ne ______________________________.
2. Tu as soif, Caroline?	– Non, je n'______________________________.
3. Tu as faim?	– Non, je ______________________________.
4. Tu aimes la boum de David?	– Non, je ______________________________.
5. Qu'est-ce que tu fais demain? Tu vas au ciné avec moi?	– Non, je ______________________________.
Tant pis! Je vais au ciné avec Aurélie.	

[1]**aller en boîte** [aleɑ̃bwat] in die Disko gehen – [2]**un anniversaire** [anivɛrsɛr] ein Geburtstag – [3]**le bon ordre** [bɔnɔrdr] die richtige Reihenfolge

Die Verneinung mit „ne … pas"/„ne … plus"/„ne … rien"/„ne … jamais"/ „ne … personne"

6 Tu attends quelqu'un?

II 4B

a) Verneine die folgenden Sätze mit „ne … rien", „ne … personne" oder „ne … jamais". Die fett gedruckten Wörter helfen dir dabei, die richtigen Verneinungselemente einzusetzen.

☞ Achtung: Die Verneinungswörter umschließen im *présent* das Verb.
Wie verhalten sich *ne … plus, ne … rien, ne … jamais* und *ne … personne* im *passé composé*?
Vervollständige folgenden Satz:

Die Verneinungswörter umschließen das ____________________,

außer *ne … personne*: *personne* steht nach dem ____________________.

1. Tu attends **des invités**? – ____________________.
2. Tu fais **tes devoirs**? – ____________________.
3. Vous êtes **toujours** fatigués! – ____________________.
4. Vous avez renversé **quelqu'un**? – ____________________.
5. Tu as rencontré **Régis** au collège? – ____________________.
6. Tu as **toujours** peur! – ____________________.
7. Tu as préparé **un dessert** pour nos invités? – ____________________.
8. Tu penses **toujours** à ton copain! – ____________________.
9. Vous avez invité **des amis** ce soir? – ____________________.
10. Ils arrivent **toujours** en retard au collège! – ____________________.

b) Verneine die folgenden Sätze mit „ne … pas" oder „ne … plus" und weise die Gründe für die negativen Antworten den richtigen Sätzen zu: jouer au tennis depuis un mois • prendre un médicament • aimer mieux faire du canoë • ne pas aimer aller au supermarché

1. Tu as **encore** mal? – Non, ____________________, parce que ____________________.
2. Vous avez envie de faire du VTT? – Non, ____________________, parce que ____________________.
3. Tu as fait les courses, Eric? – Non, ____________________, parce que ____________________.
4. Tu joues **encore** au ping-pong? – Non, ____________________, parce que ____________________.

Die Verneinung mit „ne ... pas de" und „ne ... plus de"

7 Pascal a faim.

II 5B

Arbeite mit einem Partner / einer Partnerin. Bildet aus den vorgegebenen Wörtern Fragen und formuliert die passenden Antworten. Beispiel:
Partner A: Est-ce qu'il y a encore **des** bananes à la maison?
Partner B: Non, il **n'**y a **plus de** bananes, mais il y a encore **des** pommes.
Partner A: Est-ce que tu as acheté **des** bananes?
Partner B: Non, je **n'**ai **pas** acheté **de** bananes, il y a encore **des** pommes.

des poires ~~des artichauts~~ des pêches ~~un gâteau~~[1] ~~des oranges~~
des pommes des carottes ~~des frites~~ ~~des asperges~~ une baguette des aubergines
~~des fraises~~ des pommes de terre des tomates des kiwis ~~des bananes~~

Die Inversionsfrage

8 Un peu curieux, non?

II 6A

Auf einem Fest lernst du einen interessanten Menschen kennen. Du stellst ihm/ihr viele Fragen. Verwende dabei a) die Intonationsfrage („Tu vas où?"), b) die Inversionsfrage („Où vas-tu?").

Du möchtest wissen:

1. wie alt er/sie ist; ____________ ____________
2. wie es ihm/ihr geht; ____________ ____________
3. wo er/sie wohnt; ____________ ____________
4. ob er/sie mit dem Bus zur Schule fährt; ________________________
____
5. wann er/sie dort ankommt; ____________ ____________
6. ob er/sie eine Cola trinken möchte; ________________________
____
7. um wie viel Uhr er/sie nach Hause geht. ________________________
____

[1]**un gâteau** [gato] ein Kuchen

Die indirekte Rede und die indirekte Frage (1)

9 Dans le train

II 6B

Im Zug lauschst du einem Gespräch zwischen zwei Fahrgästen. Dein Bruder / deine Schwester hört nicht so gut zu und fragt immer wieder bei dir nach, wovon sie gerade sprechen. Du gibst ihm/ihr Auskunft. Verwende zur Einleitung deiner Sätze folgende Verben:
… dit que … • … raconte que … • … répond que … • … veut savoir si … • … demande si …

1. *Le monsieur*: Je pars en vacances ce week-end.
2. *La dame*: Vous restez en France?
3. *Le monsieur*: D'abord, je vais en Provence; ensuite, je passe une semaine à la plage près de Marseille.
4. *La dame*: Vous avez de la famille là-bas[1]?
5. *Le monsieur*: Oui, j'ai un fils qui habite à Aix-en-Provence[2] et une fille qui habite à Toulon[3]. Et vous, vous avez aussi des enfants?
6. *La dame*: Non, je n'ai pas d'enfants. Je ne suis pas mariée[4], j'habite seule.

Der reale Bedingungssatz mit „si"; der Temporalsatz mit „quand"

10 „Quand" ou „si"?

IV 1B

Bevor du die Übung machst, ergänze folgende Sätze.
Falls du Schwierigkeiten hast, kannst du im Grammatischen Beiheft zu Ensemble 4 nachschlagen.

☞ Drückt „wenn" eine **erfüllbare Bedingung** aus (z. B. „Wenn du morgen kommst, dann machst du mich unheimlich glücklich."), dann musst du im Französischen _____ verwenden; in dem Fall steht im „Wenn"-Satz (= Nebensatz) das _____________ und im Hauptsatz das _________________ (oder das _____________).

Drückt „wenn" einen **Zeitpunkt** aus (z.B. „Wenn/Sobald ich meine Hausaufgaben fertig habe, komme ich zu dir."), dann verwendest du __________; im Neben- und Hauptsatz steht dann das ________________.

Setze „quand" oder „si" ein und gleiche die richtige Verbform an.

1. ________ Pascal ________________ (sortir) de l'hôpital, ses camarades lui ________________ (donner) une grande fête. Ils ________________ (inviter) également ses professeurs. Chacun lui ________________ (apporter) un cadeau[5] et ________ sa petite amie Gaëlle ________________ (venir) aussi, il ________________ (être) le plus heureux des hommes.

2. ________ Luc ne ________________ (travailler) pas, il ________________ (venir) aussi. ________ il ________________ (venir), sa sœur Anaïs l'________________ (accompagner) et alors c'est Boris qui ________________ (être) le plus heureux des hommes.

3. ________ Isabelle ________________ (être) en forme, elle ________________ (jouer) de la guitare et ce ________________ (être), comme toujours, formidable.

4. ________ Pascal ________________ (être) fatigué, tout le monde lui ________________ (dire) au revoir et ________________ (rentrer) à la maison.

Zur Bildung des Futur simple
➤ Kapitel 4.35/36

[1] **là-bas** [laba] da, dort – [2] **Aix-en-Provence** [ɛksɑ̃prɔvɑ̃s] *Stadt in der Provence* – [3] **Toulon** [tulɔ̃] *Stadt in der Nähe von Marseille* – [4] **marié,e** [marje] verheiratet – [5] **un cadeau** [kado] ein Geschenk

Der irreale Bedingungssatz mit „si"

11 Si …

IV 2A

a) Ergänze die Verbformen.

1. Si je savais chanter, je ________ (s'acheter) une guitare et ________ (enregistrer) un CD.
2. Si tu aimais lire, je t'________ (offrir) le dernier livre de Susie Morgenstern[1].
3. S'il avait envie d'aller au cinéma, on ________ (pouvoir) aller voir le dernier film avec Sophie Marceau.
4. Si nous pouvions partir en vacances, nous ________ (aller) sur l'île de Ré.
5. Si elle savait danser, elle ________ (être) très heureuse.

Zur Bildung des Conditionnel
➤ Kapitel 4.37

b) Schreibe auf, wovon Monsieur Edouard träumt.
Monsieur Edouard vient de fêter ses 80 ans et rêve d'avoir 20 ans.
Si j'avais 20 ans, …

1. j'________ (aller) aux Francofolies de la Rochelle;
2. je ________ (chanter) dans la rue;
3. je ________ (dormir) sous la tente;
4. je me ________ (faire) des amis;
5. on ________ (discuter) toute la nuit.

Die indirekte Rede und die indirekte Frage (2)

12 Le voyage à Marseille

IV 3A

Michel und Valérie sprechen über ihre bevorstehende Reise nach Marseille. Boris wiederholt für seinen deutschen Freund Markus, der noch nicht so gut Französisch versteht, worüber Michel und Valérie sich unterhalten.

a) Lies zunächst das Gespräch zwischen Michel und Valérie.

Michel: Salut Valérie, je suis content de te voir.
Valérie: Salut Michel. Comment vas-tu?
Michel: Bien merci, et toi?
Valérie: Ça va.
Michel: La semaine prochaine, nous partons à Marseille.
Valérie: On y va en train?
Michel: Oui, on prend le TGV.
Valérie: Quand est-ce que le TGV part?
Michel: A 17h 23 de la gare Montparnasse. Tu t'occupes[2] des billets? Tu penses aussi aux réservations?
Valérie: Oui, je veux bien.
Michel: Qu'est-ce que j'achète pour le voyage?
Valérie: Euh … des fruits, deux sandwichs et des boissons, bien sûr. Au fait[3], ton père va mieux?
Michel: Oui, oui. Pourquoi est-ce que tu me demandes ça?
Valérie: Ben, tu pourrais lui demander de nous amener[4] à la gare.
Michel: Désolé[5], mais à cette heure-là, il est encore au travail.

b) Versetze dich nun in die Rolle von Boris und berichte, was er Markus mitzuteilen hat.
Zur Einleitung deiner Sätze vergleiche Übung 9.
Beispiel: Michel dit qu'il est content de voir Valérie. Valérie veut savoir / demande comment il va. …

[1]**Susie Morgenstern** *Name einer Jugendbuchautorin* – [2]**s'occuper de** [sɔkype] sich kümmern um – [3]**au fait** [ofɛt] übrigens – [4]**amener qn à** [am(ə)ne] jdn bringen zu – [5]**désolé,e** [dezole] tut mir Leid

Die indirekte Rede: einleitendes Verb in der Vergangenheit

13 La lettre de David

IV M7

Wenn das **einleitende Verb** in der **Vergangenheit** steht, verändern sich bei der Umwandlung von der direkten in die indirekte Rede die Zeitformen.
Trage die fehlenden Zeitformen ein:

direkte Rede		indirekte Rede
Présent	→	______________________
Passé composé	→	______________________
Futur simple	→	______________________

☞ Tipp: Alle Formen haben die gleiche Endung (*-ais, -ais, -ait, -ions, -iez, -aient*).

David hat einen Brief aus dem Urlaub geschrieben. Christine erzählt ihren Freundinnen, was David zu berichten hat. Übernimm du die Rolle von Christine. – Beispiel:
David: Je **suis** à La Rochelle depuis une semaine. *Christine:* David **a écrit** qu'il **était** à La Rochelle depuis une semaine.

La Rochelle, le 3 juillet 2002

Chère Christine,

Je suis à La Rochelle depuis une semaine. Je passe des vacances agréables au bord de la mer.

Nous avons déjà visité la vieille ville et l'aquarium.

Tous les soirs nous allons en boîte et nous dansons jusqu'à minuit.

Hier, j'ai fait des courses. Je suis allé au centre-ville et j'ai acheté un pantalon et deux pulls.

Samedi, nous irons sur l'île de Ré. Nous ferons du vélo et le soir, nous mangerons des fruits de mer dans un des petits ports.

A bientôt.
Je t'embrasse
David

14 Azouz Begag (1)

IV M7

Berichte deinem Partner / deiner Partnerin, was Azouz Begag in einem Interview über sich gesagt hat.
Beginne wie folgt: Azouz Begag a raconté qu'il …

« Je suis né dans la banlieue de Lyon, en 1957 … Mes parents sont des immigrés algériens. Ils sont venus travailler en France … J'ai grandi dans la cité de Châaba … Je suis devenu romancier … le problème vécu par ces immigrés, c'est l'intégration … »

Das Passiv: Bildung und Gebrauch

15 Azouz Begag (2)

IV M8

a) Die Bildung des Passivs ist ziemlich einfach. Vervollständige zur Sicherheit die folgenden Sätze, dann dürftest du keine Probleme haben.

> ☞ Das Passiv setzt sich zusammen aus den Zeitformen des Hilfsverbs ______________ und dem p______________ p______________. Für die Veränderlichkeit der zusammengesetzten Verbform gelten die gleichen Regeln wie beim p______________ c______________ mit ê______________.

b) Bilde die Passivform.

1. aimer: 1. Person Singular Présent ______________
2. découvrir: 3. Person Singular Passé composé ______________
3. attendre: 1. Person Plural Imparfait ______________
4. recevoir: 3. Person Plural Futur composé ______________
5. trouver: 3. Person Singular Futur simple ______________
6. inviter: 1. Person Plural Conditionnel ______________

c) Übersetze die folgenden Sätze zunächst ins Deutsche; übertrage sie anschließend ins Aktiv.
Beispiel: Azouz Begag est interrogé par les journalistes sur sa vie d'écrivain. ➠ Azouz Begag wird von den Journalisten über sein Leben als Schriftsteller befragt. ➠ Les journalistes interrogent Azouz Begag sur …

1. La pièce « Les voleurs d'écriture » est jouée ce soir au théâtre municipal par les élèves du lycée Balzac.
2. La pièce a été mise en scène par Hector et Sophie.
3. Les décors ont été réalisés par les élèves du club de dessin.
4. Les dialogues ont été écrits par toute la classe de quatrième et corrigés par Azouz Bégag lui-même.
5. Le texte a été appris en trois semaines par les acteurs qui ont été choisis par leurs camarades de classe.
6. Les billets d'entrée ont été vendus par les élèves de cinquième.
7. 250 spectateurs sont attendus.
8. A la fin de la représentation un pot sera offert par le principal.
9. Thé à la menthe et petits gâteaux sucrés seront servis à tous.